A Sure Guide to
HEAVEN

그레이트 크리스천 클래식 4

조셉 얼라인의 복음 안내서

천국에 이르는 길

사랑이 많으신 하나님은 천국의 문을 열어 놓으시고 한결같이 간절하게 당신을 부르신다. 하나님께 순종하고 돌이키면 의와 평강의 왕국에서 영원히 살며 다스리게 될 것이다. 이제 더 미루지 말고 당신을 부르시는 하나님의 음성에 귀 기울이고 그분께로 나아가라. 구속주 예수 그리스도의 이름으로 깨끗하게 되어 의롭다 함을 받고 영원한 생명과 행복의 왕관을 받으라.

조셉 얼라인 지음 | 김태곤 옮김

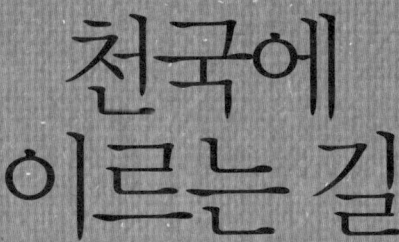

WAKE UP AND LIVE
by Joseph Alleine

Copyright ⓒ 1988 by Grace Publications Trust,
7 Arlington Way,
London EC1R 1XA, England.
All rights reserved.

Korean Edition published by Word of Life Press, Seoul, 2012.
Translated and published by permission.
Printed in Korea.

천국에 이르는 길

ⓒ 생명의말씀사 2012

2012년 4월 5일 1판 1쇄 발행

펴 낸 이	김창영
펴 낸 곳	생명의말씀사
등 록	1962. 1. 10. No.300-1962-1
주 소	110-101 서울 종로구 송월동 32-43
전 화	02738-6555 본사, 023159-7979 영업부
팩 스	02739-3824 본사, 080-022-8585 영업부
기획편집	태현주, 조해림
디 자 인	박소정, 김혜진
인 쇄	영진문원
제 본	정문바인텍

ISBN 978-89-04-15980-2
ISBN 978-89-04-00152-1(세트)

저작권자의 허락없이 이 책의 일부 또는 전체를
무단 복제, 전재, 발췌하면 저작권법에 의해 처벌을 받습니다.

조셉 얼라인의 복음 안내서

천국에
이르는 길

들어가는 글

회개와 거듭남,
죄로부터 해방되어 천국에 이르는 길

본서는 아직 진정으로 그리스도인이 되지 못한 사람들을 위한 책이다. 이 책을 읽는 모든 사람이 하나님께로 돌이키기를 소망하고 기도한다. 하지만 내가 아무리 노력하고 내 논리가 아무리 설득력이 있다 해도 내 힘으로는 그리스도인이 되게 할 수 없다. 그것은 오직 하나님만이 하실 수 있는 일이기 때문이다.

성경은 거듭나야 천국에 들어간다고 한다. 거룩함 없이는 결코 하나님을 보지 못한다히브리서 12:14. 이 책을 읽기에 앞서 하나님을 찾기로 결심하라. 온 마음으로 예수 그리스도를 주님으로 받아들일 준비를 하라. 그분께 복종하라. 그러면 살 것이다.

이 책의 내용 가운데 받아들이기 힘든 부분도 있을 것이다.

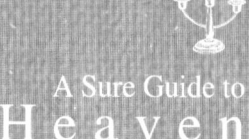
A Sure Guide to
Heaven

인기에 연연하는 글을 쓰지는 않지만, 가능한 한 재미있는 글을 쓰고 싶긴 하다. 그러나 여러분이 진정한 그리스도인이 아니라면, 재미 위주로 글을 쓰기에는 여러분의 처지가 너무 심각하다. 우는 아기를 재우기 위해서는 노래를 불러 주는 것이 좋다. 하지만 아기가 불 속으로 뛰어든다면 노래보다 강력한 어떤 조치가 필요하다.

의사는 목숨이 위태로운 환자에게 가장 마음이 쓰일 것이다. 부모는 죽어가는 자녀에게 더욱 특별한 관심을 기울일 것이다. 위급함이 중할수록 요구되는 관심과 노력도 더 커진다. 따라서 나는 여러분에게 가장 필요한 것에 대해 진실하게 쓰려고 노력할 것이다. 나는 여러분이 이 글에 공감할 뿐만 아니라 예수 그리스도께로 돌이켜 구원받기를 바란다.

여러분 중에는 그리스도인이 어떤 존재인지 잘 모르는 사람도 있을 것이다. 따라서 '그리스도인이란?'이라는 질문으로부터 시작할 것이다. 하나님과의 관계에 심각한 문제가 있는데도 전혀 그렇지 않다고 생각하는 사람도 있을 것이다. 그런 사람을 위해 나는 진정한 그리스도인이 되는 것에 대해 설명할 것이다.

또 그리스도인이 된다는 것이 과연 중요한 일인지에 대해 의문을 가지는 사람도 있을 것이다. 그런 사람을 위해 나는 '그리스도인이 되는 것은 정말 중요한 일인가?'라는 물음을 다룰 것이다. 실제 삶에서 그리스도인의 증거를 보여주지 않으면서 자신이 그리스도인이라고 주장하는 사람도 있다. 그런 사람에게는 그리스도께로 돌이키기 전의 상태가 어떠한지 설명할 것이다. 전혀 위험을 느끼지 못하는 까닭에 자신의 상태를 두려워하지 않는 사람도 있다. 따라서 나는 그리스도 없이는 우리 모두가 저주의 심판을 받을 수밖에 없음을 보여줄 것이다.

또한 어떤 이는 자신의 위급함은 자각하지만 어떻게 해야 할지를 모른다. 따라서 나는 '그렇다면 어떻게 해야 하는가?'라는 물음에 대한 답을 제시할 것이다. 그리고 끝으로 모든 것을 위한 하나님의 놀라운 은혜를 상기할 것이다.

조셉 얼라인 Joseph Alleine

차례

들어가는 글 회개와 거듭남, 죄로부터 해방되어 천국에 이르는 길 4

PART 1 그리스도인이란 누구인가?

1. 그리스도인이란 누구인가? 14

그리스도인이라고 자처하는 것만으로는 충분하지 않다 | 세례받는 것만으로는 충분하지 않다 | 선하고 깨끗하게 사는 것만으로는 충분하지 않다 | 종교적 행위만으로 충분하지 않다 | 자신을 개선하는 것만으로는 충분하지 않다

2. 어떻게 그리스도인이 되는가? 22

성령이 변화시키셔야 한다 | 하나님이 은혜를 베푸셔야 한다 | 예수 그리스도가 다 이루셨다 | 하나님은 우리를 이끌기 위해 성경을 사용하신다 | 모든 것이 변한다 | 과거와 결별한다 | 온 마음을 다해 하나님께로 돌이킨다

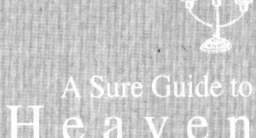

PART 2 왜 그리스도인이 되어야 하는가?

3. 구원은 정말 중요한 일인가? 56

그리스도가 없으면 삶이 무의미하다 | 그리스도가 없으면 종교가 무의미하다 | 그리스도가 없으면 장래의 소망이 무의미하다 | 그리스도가 없으면 십자가도 무의미하다

4. 우리는 지금 어떤 상태인가? 72

명확한 죄 | 모호한 죄

5. 불신자에게 닥치는 비참함은 어떤 것인가? 90

하나님이 친히 대적하신다 | 하나님의 피조물 전체가 대적한다 | 사단에게 압도당한다 | 자신의 죄악이 자신 위에 산처럼 쌓인다 | 죄의 종이다 | 지옥 불이 기다린다 | 성경 전체가 정죄하고 형벌을 선고한다

PART 3 구원받아 천국에 가려면 어떻게 해야 하는가?

6. 그러면 어떻게 해야 하는가? *122*

현 상태로는 천국에 갈 수 없음을 시인하라 | 죄를 분명히 자각하라 | 절망적인 현 상태를 자각하라 | 스스로의 노력으로 구원받으려는 소망을 포기하라 | 죄와 결별하라 | 하나님을 자신의 하나님으로 인정하라 | 예수 그리스도를 믿으라 | 기도로 하나님의 도우심을 구하라 | 하나님께 돌이키는 일을 더 미루지 말라 | 유혹을 피하라

- ■ 각성한 죄인의 독백   *158*

7. 죄인들을 향한 하나님의 놀라운 은혜   164

당신을 지으신 하나님이 초청하신다 | 천국의 문이 당신을 향하여 활짝 열려 있다 | 하나님이 지금 당신의 삶을 더 좋게 변화시키실 것이다 | 하나님이 필요한 모든 일을 행하셨다 | 하나님께로 돌이키는 데 필요한 은혜까지 주신다

8. 참된 삶을 위해 깨어나라!   176

지금 결단하라 | 주님의 음성에 한번 더 귀 기울이라 | 주님께 순종하고 돌이키라

저자 소개   조셉 얼라인, 영혼 구원을 위한 무한한 열망으로
청교도적 복음 전도의 표본을 남긴 위대한 전도인   186

그리스도인은 성령의 깨끗하게 하심과 거룩하게 하심에 힘입어
죄를 회개하고 회심하여 주 예수 그리스도께 돌이켜
그분의 용서와 새 생명을 받은 자를 가리킨다.
내면으로부터 뉘우심이 없는 자, 자신을 주님께 맡기고 거듭나지 않은 자는
입술로 예수 그리스도를 따른다고 고백하고 선한 삶을 산다고 자부하여도
진정한 그리스도인이 아니며 결코 구원받을 수 없다.

A Sure Guide to
HEAVEN

PART 1

그리스도인이란
누구인가?

CHAPTER 1

그리스도인이란 누구인가?

'그리스도인이란 어떤 존재인가?' 이 질문을 하는 이유는 이에 대한 답이 너무나 다양하기 때문이다. 그리스도인이 아니면서도 자신을 그리스도인이라고 생각하는 사람이 있는가 하면, 실제로는 그리스도인이면서도 아니라고 생각하는 사람도 있다.

다음 장에서 그리스도인이 된다는 것이 무엇을 뜻하는지 설명할 텐데, 우선 여기서는 그리스도인과 상관없는 것에 대해 먼저 설명하려 한다.

그리스도인이라고 자처하는 것만으로는 충분하지 않다

기독교 신앙은 호칭으로 되는 것이 아니다. 성경은 참된 그리스도인이 아니면서도 그리스도인이라고 자처하며 교회에 다니는 사람들에 대해 언급한다.

안타깝게도 예수 그리스도를 따른다고 고백하면서도 실제 삶은 죄에서 돌이키지 않은 사람들이 많이 있다. 그들은 하나님을 안다고 주장하지만 그들의 삶은 자신의 주장과는 전혀 다르다.

사실 예수님은 그리스도인이 아니면서도 주님의 이름으로 설교하며 이적을 행할 수 있음을 경고하셨다 디도서 1:16, 마태복음 7:22-23. 자신의 죄를 포기하지 않으면서 어떻게 하나님이 구원해 주셨다고 말할 수 있겠는가?

세례받는 것만으로는 충분하지 않다

많은 사람이 자신은 세례를 받았으므로 하나님의 자녀이며 천국에 갈 수 있다고 생각한다. 그러나 세례를 통해 그리스도인이 되고 하나님의 은총을 입을 수 있다면, 천국에 들어가기 위해 필요한 것은 오직 세례 증서뿐일 것이다.

수많은 사람이 세례를 받았지만, 예수 그리스도는 "생명으로 인도하는 문은 좁고 길이 협착하여 찾는 자가 적음이라"마태복음 7:14고 말씀하신다. 또한 그리스도는 천국에 들어가기 위해 찾고, 두드리고, 힘쓰라고 말씀하신다마태복음 11:12, 누가복음 13:24. 오직 세례만 필요하다면 이 모든 것은 전혀 불필요할 것이다.

세례는 하나님이 우리를 위해 하신 일에 대한 표시이다. 그 자체로는 아무런 효력도 없다. 세례는 좋은 것이지만, 거듭남에 따른 철저하고 강력한 변화를 대신하지는 못한다요한복음 3:7.

선하고 깨끗하게 사는 것만으로는 충분하지 않다

선하고 깨끗한 삶에 대해 유대교 서기관과 바리새인들보다 더 신경 쓰는 사람들은 없었다. 그러나 예수님은 "너희 의가 서기관과 바리새인보다 더 낫지 못하면 결코 천국에 들어가지 못하리라"마태복음 5:20고 선언하셨다.

선하고 깨끗한 삶을 살기 위해서라면 굳이 그리스도인이 될 필요가 없다. 그리스도인이 되기 오래 전, 사도 바울은 흠 없는 삶을 살았다빌립보서 3:6. 하지만 그것으로는 충분하지 않다. 그 이상이 필요하다. 그렇지 않으면 아무리 자신이 흠이 없다고 주장할지라도 여전히 하나님의 정죄에서 벗어나지 못할 것이다.

도덕을 무시하는 것은 아니다. 다만 도덕에 의존하지 말 것을 경고하고 싶다. 선하고 깨끗한 삶만으로는 결코 구원받을 수 없다.

종교적 행위만으로는 충분하지 않다

아무런 영적 능력 없이도 종교 형식을 갖출 수 있다고 성경은 말한다디모데후서 3:5. 진정한 그리스도인이 아니면서도 길게 기도하고, 설교와 말씀의 가르침에 귀 기울이고, 금식하며, 하나님을 섬기기 위한 온갖 종류의 일들을 할 수 있다마태복음 23:14, 누가복음 18:12, 마가복음 6:20, 이사야 1:11.

참된 기독교 신앙은 교회에 나가거나 관대하게 호의를 베풀거나 기도하는 것 그 이상이 필요하다. 이 모든 일을 다하고 심지어 목숨까지 희생하면서도 진정으로 하나님께 속하지 못할 수 있다.

자신을 개선하는 것만으로는 충분하지 않다

성경은 하나님의 일들에 대해 깨우침을 받고 자신의 죄를 자각해도 그리스도인이 되지 못할 수 있다고 한다 히브리서 6:4, 사도행전 24:25, 마가복음 6:20. 죄의 자각과 회심은 전혀 다르다. 최초의 살인자 가인은 양심의 가책을 느끼며 불안해 했다. 그러나 성경 어디에도 그가 진정으로 하나님을 찾았다는 기록은 없다 창세기 4장.

어떤 이는 특정한 죄를 중단하거나 나쁜 습관을 끊거나 혹은 어떤 악한 영향력을 멀리했다는 것으로 자신을 그리스도인으로 여긴다. 그러나 그리스도인이 되기 위해서는 이보다 훨씬 더 많은 것이 필요하다.

양심의 가책을 느끼는 동안에는 기도도 하고 성경도 읽고 설교에 귀 기울이며 또한 죄악의 쾌락을 포기하지만 죄책감에서 멀어지면 곧바로 죄악으로 돌아서는 이들이 많다. 하나님의 징계를 받을 때 유대인들은 너무나 겸허했다. 하지만 고난의 시기가 끝나면 곧 하나님을 망각했다. 이런 저런 방법으로 자신의 삶을 개선해도 마음속은 여전할 수 있다.

진흙으로 꽃을 만들었다가 다시 동물이나 사람으로 모양을 바꿀 수는 있지만, 진흙은 여전히 진흙이다. 마찬가지로 당신이 무지로부터 지식으로, 불경건함으로부터 경건함으로 모습을 바꾸어도 당신의 본성은 그대로일 수 있다.

앞에서 언급한 것들이 그리스도인이라는 증거라고 믿고 있었다면, 지금 내가 말하는 것들을 받아들이기 힘들 것이다. 하나님과의 관계에 문제가 없다고 생각했는데 그렇지 않다는 것을 깨닫는 것은 충격일 수 있다.

이 글을 쓰면서 나는 마치 가까운 친구를 위해 어쩔 수 없이 사지 절단 수술을 해야 하는 의사의 심정을 느낀다. 그러나 거짓된 소망을 품고 살다가 지옥으로 가기보다는 현재 처한 상황을 제대로 깨닫는 것이 훨씬 낫다.

자신이 그리스도인이라고 자처한다면, 그 근거는 무엇인가 점검해 보라.

세례받았기 때문인가?

교회에 다니기 때문인가?

종교에 관해 많이 알기 때문인가?

선하고 깨끗하며 도덕적인 삶을 살려고 노력하기 때문인가?

죄책감을 느끼기 때문인가?

이것들은 모두 매우 유익한 것이다. 하지만 이것들이 당신을 그리스도인으로 만들어 주지는 않는다. 자신을 점검하고 전심으로 여호와께 돌이켜야 한다. 하나님이 친히 변화시켜 주시지 않으면, 당신은 버림받을 것이다.

어쩌면 당신은 스스로를 그리스도인과는 전혀 무관한 존재로 여길지도 모른다. 그렇다고 해서 당신의 처지가 조금이라도 더 나은 것은 아니다.

당신도 죄를 회개해야 한다. 예수 그리스도께로 돌이켜야 한다. 그분의 용서와 새 생명을 받아야 한다. 자신을 주님께 맡기고 거룩한 삶을 살아야 한다.

그렇지 않으면 결코 하나님을 보지 못한다. 현 상태에 머문다면, 당신은 영원한 죽음에 던져질 것이다.

A Sure Guide to HEAVEN

그리스도인이란 누구인가?

죄에서 돌이키지 않고 입술로만
예수 그리스도를 따른다고 고백하는 사람은
그리스도인이 아니다.

세례받았다고 천국에 갈 수 있는 것은 아니다.
세례는 거듭남을 통한 변화를 대신하지는 못한다.

선하고 깨끗한 삶만으로는 결코 구원받을 수 없다.

길게 기도하고 설교에 귀 기울이고 금식한다고
그리스도인인 것은 아니다.

자신의 죄를 자각해도 그리스도인이 되지 못할 수 있다.
그리스도인은 더 나아가 전심으로 회개하고
예수 그리스도께 돌이켜 새 생명을 받은 사람이다.

"영접하는 자 곧 그 이름을 믿는 자들에게는 하나님의 자녀가 되는 권세를 주셨으니 이는 혈통으로나 육정으로나 사람의 뜻으로 나지 아니하고 오직 하나님께로부터 난 자들이니라" 요한복음 1:12-13

CHAPTER 2
어떻게 그리스도인이 되는가?

그리스도인에 관한 오해들을 몇 가지 살펴보았으므로, 이제 그리스도인이 되는 것의 참된 의미에 대해 생각해 보고자 한다.

성령이 변화시키셔야 한다

성경은 그리스도인이 되는 것을 "성령의 거룩하게 하심"데살로니가후서 2:13과 "성령의 새롭게 하심"디도서 3:5으로 설명한다. 성부 하나님과 예수 그리스도도 분명히 개입하시지만 베드로후서 1:3, 사도행전 5:31, 그리스도인이 되는 것은 주로 성령이 하시는 일이다. 따라서 주 예수님은 그리스도인을 "성령으로 난"요한

복음 3:5-6 자로 묘사하신다.

다시 말해서 그리스도인이 되는 것은 인간의 힘과 역량을 넘어선 일이다. 성경은 그리스도인이 "혈통으로나 육정으로나 사람의 뜻으로 나지 아니하고 오직 하나님께로부터 난 자"요한복음 1:13라고 말한다.

당신은 자신을 하나님의 자녀로 만들 수 없으며, 다른 사람도 당신을 그렇게 하지 못한다. 그리스도인이 되는 것은 죽음으로부터의 부활이며에베소서 2:1 하나님만이 하실 수 있는 일이다.

또한 성경은 그리스도인이 되는 것을 새로운 피조물로 지음 받는 것과 동일시한다고린도후서 5:17. 어떤 것을 창조하실 수 있는 이는 하나님뿐이시다. 사람이 무엇을 만들고 변형시킬 수는 있지만, 창조주는 오직 하나님뿐이시다.

하나님이 은혜를 베푸셔야 한다

하나님은 우리를 위해 어떤 일을 해야 할 의무가 없으시다. 그분의 은혜를 받을 자격을 갖춘 사람은 아무도 없다. 하나님은 "우리가 행한 바 의로운 행위로 말미암지 아니하고 오직 그의 긍휼하심을 따라"디도서 3:5 우리를 구원하신다. "진리의 말씀으로 우리를 낳으신"야고보서 1:18 것은 그분의 뜻이다.

사도 바울은 하나님이 사람들의 거룩함 때문에 그들을 부르시는 것이 아님을 분명히 밝힌다에베소서 1:4. 성령의 강력한 도우심을 받을 자격을 갖춘 사람은 아무도 없다.

하나님의 마음을 우리에게로 돌이키게 할 만한 것이 우리 안에는 전혀 없다. 오히려 그분의 거룩한 진노를 유발하는 것들만 가득하다. 본성적으로 우리는 악하고, 반역하며, 기만을 좋아하고, 불순종하며 불경건하다. 반면 하나님은 거룩하고, 정결하고, 흠 없고, 의로우며, 공평하고, 진실하고 선하시다.

그런 하나님이 우리를 사랑하시는 것은 전적으로 그분의 은혜 덕분이다. '은혜'란 우리에게 아무 자격이 없는데도 주님이 인내와 자비를 보여주심을 뜻한다.

우리는 당연히 하나님을 찬양하며 그 은혜를 전해야 한다. 하지만 우리 중 많은 이는 하나님의 은혜를 쉽게 망각하며, 그 은혜를 기억하더라도 매우 형식적이고 냉담한 태도를 보이곤 한다.

반면 사도 바울은 이렇게 말한다. "우리 예수 그리스도의 아버지 하나님을 찬송하리로다 그의 많으신 긍휼대로 예수 그리스도를 죽은 자 가운데서 부활하게 하심으로 말미암아 우리를 거듭나게 하사 산 소망이 있게 하시며"베드로전서 1:3. "긍휼이 풍성하신 하나님이 우리를 사랑하신 그 큰 사랑을 인하여 허물로 죽은 우리를 그리스도와 함께 살리셨고 (너희는 은혜로 구원을 받은 것이라)"에베소서 2:4-5.

예수 그리스도가 다 이루셨다

예수 그리스도 없이는 누구도 하나님께로 나아갈 수 없다. 성경은 "하나님은 한 분이시요 또 하나님과 사람 사이에 중보자도 한 분이시니 곧 사람이신 그리스도 예수라"디모데전서 2:5고 한다.

십자가에서 죽으시고 다시 살아나신 예수님이 없다면, 우리는 결코 하나님과 화목할 수 없을 것이다. 예수님이 유일한 길이요 소망이시다.

하나님은 예수 그리스도의 사역을 통해 하늘에 속한 모든 신령한 복을 당신의 백성에게 베푸신다에베소서 1:3. 이 땅에 계실 때 예수님은 장차 예수님을 믿을 자들을 위해 기도하셨다요한

복음 17:20. 그리고 그리스도인이 되는 자는 모두 그분의 고난과 십자가 죽음으로 인해 그리스도인이 될 수 있다히브리서 10:10.

그리스도의 고난과 기도는 하나님이 우리를 변화시켜 그리스도인으로 만들기 위한 유일한 기반이다. 당신이 새로운 피조물이며 참된 그리스도인이라면, 그 모든 것은 그리스도 덕분이다. 그분 외에 누구를 의지할 수 있겠는가? 누가 그분보다 더 큰 사랑을 보여줄 수 있겠는가?

당신의 악한 성향과 당신이 처한 환경 그리고 마귀가 당신의 마음을 사로잡으려 하겠지만, 그리스도처럼 당신을 위해 십자가에 달리지는 않는다. 당신의 사랑과 헌신을 받을 자격이 있으신 분은 주 예수님뿐이다.

하나님은 우리를 이끌기 위해 성경을 사용하신다

성경은 사람을 하나님께로 이끌기 위해 하나님이 사용하시는 귀한 방편이다. 오직 성경만이 우리에게 깨달음을 주고 우리의 영혼을 돌이킬 수 있다시편 19:7-8.

사도 바울은 성경이 우리에게 구원에 이르는 지혜를 준다고 말한다디모데후서 3:15. 그리고 베드로는 우리를 거듭나게 하는 썩지 아니할 씨가 바로 하나님 말씀이라고 한다베드로전서 1:23.

성경은 우리를 그리스도를 믿는 신앙으로 이끌며 우리에게 새 생명을 준다로마서 10:17, 야고보서 1:18. 시편 기자는 "내가 주의 법도들을 영원히 잊지 아니하오니 주께서 이것들 때문에 나를 살게 하심이니이다"시편 119:93라고 노래한다.

하나님을 찾으려 한다면, 성경을 철저하고 주의 깊게 읽는 것이 중요하다. 가능한 한 말씀을 신실하게 전하는 교회를 찾으라. 하나님은 설교자들을 통해 듣는 자들의 눈을 열어 돌이키게 하신다사도행전 26:18. 하나님이 당신에게 구원의 길을 보여주시기 위해 그들을 지정하여 준비를 갖추게 하셨다사도행전 16:17. 그들의 설교 메시지를 이해하도록 도와달라고 하나님께 기도하라.

지금까지 보았듯이, 오직 하나님만이 당신을 그리스도인으로 만드실 수 있다. 하나님 아버지가 이끌어 주지 않으시면 누구도 그분께 나아갈 수 없다. 또한 하나님은 당신께 나아오는 자를 아무도 내어 쫓지 않으신다요한복음 6:37, 44.

이 두 가지 진리가 어떻게 결합되는지 우리는 이해할 수 없다. 그러나 감사하게도 우리는 그것을 굳이 이해할 필요가 없다. 왜냐하면 하나님의 약속과 명령이 매우 분명하기 때문이다.

성경은 이렇게 말한다. "회개하고 돌이켜 너희 죄 없이 함을 받으라" 사도행전 3:19. "주 예수를 믿으라 그리하면 너와 네 집이 구원을 받으리라" 사도행전 16:31.

회개하고 믿으면, 구원을 확신할 수 있다. 그러나 회개하지 않으면, 정죄당한다. 이보다 더 분명한 사실은 없다.

모든 것이 변한다

이제 그리스도인이 될 때 일어나는 근본적인 변화를 좀 더 상세히 살펴보자. 그리스도인이 되는 것은 오래된 건물을 수리하는 것이 아니라 새 건물을 세우는 것과 같다. 이것은 거룩함이라는 한 조각을 꿰매어 붙이는 문제가 아니라 삶의 모든 영역에 거룩함을 짜 넣는 문제이다.

참된 그리스도인은 새 피조물이다. 모든 것이 새롭게 되었다 고린도후서 5:17.

생각이 달라진다

그리스도인이 되면 관점이 새롭게 된다. 전에는 자신의 위험한 상태를 보지 못했지만, 이제 하나님이 당신의 눈을 여셨으므로, 당신은 그분으로부터 멀어질 때의 곤경이 얼마나 심각한지 알 수 있다.

전에는 죄의 해악을 보지 못했지만, 이제 당신은 그것을 직시하여 죄를 미워하고 두려워하며 또한 멀리하게 된다. 죄 때문에 자신마저 미워하게 될 것이다. 전에는 자신에게 잘못된 점이 많다고 생각하지 않았으므로 하나님께 죄를 자백할 필요도 느끼지 않았다. 하지만 이제 당신은 하나님의 눈에 자신이 부정하고 부패하게 보인다는 사실을 뼈저리게 자각한다.

당신의 존재와 모든 행위가 죄로 오염되었다. 당신의 삶 속에서 이전에는 미처 알지 못했던 죄악들, 즉 마음으로 범하는 신성모독, 절도, 살인, 간음과 같은 추악한 죄악들까지 보기 시작할 것이다.

지금까지는 예수 그리스도께 마음이 끌리지 않았지만, 이제 당신에게 그분은 세상의 그 무엇보다 더 소중하다.

이처럼 새로운 방식으로 생각하기 시작할 때, 하나님을 기쁘시게 하는 일 외의 다른 모든 것은 무의미해진다. 물론 누구나 하나님이 가장 중요한 분이라고 건성으로 말할 수 있다. 그러나 당신이 그리스도인이 되면, 하나님은 당신에게 진정으로 가장 중요한 분이 되신다. 이것은 큰 차이이다. 당신은 진심으로 이런 기도를 드릴 수 있다.

> 하늘에서는 주 외에 누가 내게 있으리요
> 땅에서는 주밖에 나의 사모할 이 없나이다
> 내 육체와 마음은 쇠약하나
> 하나님은 내 마음의 반석이시요
> 영원한 분깃이시라 시편 73:25-26.

우선순위가 새롭게 된다

그리스도인이 되면 새 목표와 새 목적을 가지게 된다. 그 중 가장 큰 목표는 그리스도를 영화롭게 하며 그분을 섬기는 일이다. 이것은 온 세상의 다른 어떤 일보다 더 큰 기쁨과 행복을 가져다 줄 것이다. 예수님의 이름을 알리며 높이는 것보다 더 가치 있는 일은 없다.

그리스도인이 되면 전에는 결코 할 수 없었을 결심을 하기 시작한다. 당신이 원하는 모든 것을 하나님 안에서 찾으며 예수 그리스도께 자신을 맡긴다. 곤경에 처하여 어쩔 수 없이 그리스도께 나아가는 것이 아니라, 능동적인 선택에 따라 그분께 나아간다. 양심의 가책과 지옥에 대한 두려움 때문에 그렇게 하는 것이 아니다. 그리스도가 최상의 선택임을 당신은 절대적으로 확신한다. 그리고 세상에서 얻을 수 있는 다른 모든 것보다 그분을 더 소중히 여긴다.

거룩한 삶에 대해서도 마찬가지이다. 당신이 하나님을 순종하기로 선택하는 것은 의무감이 아니라 자발적으로 원해서이다. 당신은 하나님의 방식을 좋아하며 그분께 순종하기 원한다. 하나님의 계명들은 짐이 되기는커녕 당신의 기쁨이 된다

요한일서 5:3, 시편 119:14, 16, 47.

사람이 아플 때 약을 먹는 이유는 맛이 좋아서가 아니라 병을 고치기 위해서이다. 하지만 그리스도인의 삶은 전혀 그런 것이 아니다. 그리스도인이 그리스도를 따르는 것은 의무가

아니라 스스로 원하기 때문이다. 하나님의 계명은 지겨운 약 같은 것이 아니다. 몹시 배고픈 사람에게 제공되는 음식 같은 것이다. 그보다 더 만족스러운 것은 없다.

인생관이 달라진다

그리스도인이 되면 그리스도와 함께 할 수 있는 한 어떤 것도 기꺼이 포기하게 된다. 부유하거나 유명해지기보다는 주님을 더 닮기 원할 것이다.

그리스도인이 아니라면 당신은 이 세상에서 부러움의 대상이 되며 경제적으로도 넉넉하게 살아가기를 바랄 것이다. 그러나 그리스도인이 되면 그 모든 것이 변한다. 이제 자신에게 이렇게 말할 것이다.

'내가 죄로 인해 추악해지지 않을 수 있다면, 하나님께 더 가까워질 수만 있다면, 비록 돈이 많지 않고 다른 사람들의 미움을 받을지라도 나는 행복할 것이다.'

당신도 이렇게 말할 수 있는가?

그리스도인이 되면 다른 데서 행복을 찾는다. 한때는 성경이 매우 지루하게 느껴졌지만 이제 다른 무엇보다 큰 기쁨을 준다. 그리스도에 관한 묵상, 그분과의 동행, 그리스도인의 형통한 모습을 보는 것보다 더 즐거운 일이 없다. 이제 당신은 보고 듣고 만지며 맛볼 수 있는 것들에만 몰두하지 않는다. 당신의 가장 큰 관심은 영혼의 구원이다.

이제부터 당신은 고난보다 범죄를 더 두려워할 것이다. 전에는 재산이나 명성을 잃을까 염려했으며 고통과 가난과 불명예의 고난을 당할까 두려워했으나, 하나님의 명예를 실추시킬지도 모른다는 두려움과 비교할 때 이제는 이 모든 관심사가 희미해진다. 그리스도께로부터 멀어지는 것이 가장 큰 고통이다.

그리스도를 향한 강력한 사랑과 함께, 새로운 슬픔도 갖게 될 것이다. 죄에 대한 생각과 십자가에 달리신 그리스도에 관한 생각이 전에는 당신의 마음을 움직이지 않았지만 이제 당신을 슬프게 한다. 당신은 죄에 대해, 즉 다른 사람의 죄에 대해서와 마찬가지로 자신의 죄에 대해서도 분노할 것이다.

자신의 모습이 혐오스러울 때도 있을 것이다. 과거에는 죄

속에서 뒹굴며 그 속에서 쾌락을 찾았지만, 이제는 지저분한 오물 속에서 뒹구는 것만큼이나 죄를 미워하게 된다.

당신의 감정이 다른 어떤 것보다 하나님께로 더 많이 향하는지 주의 깊게 생각해 보라.

진정한 그리스도인이 되지 않은 채로도 주 예수님에 대한 신앙심을 어느 정도 느낄 수 있다. 따뜻한 성품을 지녔다면 특히 그렇다. 반면 기질이 담담하고 차분하다면 이런 감정을 별로 느끼지 않아도 그리스도인일 수 있다.

하지만 결정적인 물음은 과연 당신의 생각과 의사 결정에 있어서 하나님을 우선순위에 두는가이다. 그렇게 한다면 그것은 주님이 당신을 구원하셨음을 나타내는 좋은 표시이다.

몸이 하나님께 속한다

그리스도께로 돌이킬 때 당신의 몸은 성령의 전이 된다. 당신의 눈과 귀와 머리와 마음과 입으로 하나님께 헌신한다. 그리스도인이 되면 그 영향이 온 몸에 미친다.

이전에 당신의 눈은 너무나 교만하고 탐욕스럽고 불안정했다. 그러나 이제 죄악에 대해 울고 피조물 속에 드러난 하나님의 놀라운 사역에 감탄하고 하나님 말씀을 읽는다. 그리고 하나님을 섬기며 어려운 사람을 도울 기회를 부단히 찾는다.

당신의 귀는 한때 마귀의 유혹과 험담과 불경건한 농담에 솔깃했으나 이제는 그리스도와 그분을 따르는 자들의 말에 귀 기울인다. 하나님의 말씀이 사람들의 말보다 훨씬 더 소중하게 들린다. 당신은 사무엘처럼 "말씀하옵소서. 주의 종이 듣겠나이다."라고 말할 것이다. 하나님 말씀을 매일의 양식보다 더 소중하게 여길 것이다 욥기 23:12, 시편 19:10.

당신의 머리는 한때 부와 안락을 증가시키려는 야심찬 계획으로 가득했지만, 이제는 하나님을 기쁘시게 하고 죄를 피할 방법을 모색하는 생각으로 가득하다.

당신의 마음은 한때 불순한 욕구로 가득했지만, 이제는 하나님을 향한 사랑에 고무되고 기도와 찬양으로 넘쳐난다.

또한 그리스도인이 되면 당신의 입을 더 이상 자랑, 모욕, 거짓말, 욕설 또는 불건전한 대화에 사용하지 않는다. 대신 주님께 기도하며 다른 사람들에게 도움을 주는 말을 하는 데 사용

한다. 하나님과 예수 그리스도에 관해 말할 때 가장 행복함을 느낀다.

이따금 사람들은 "이건 내 인생이야. 내가 원하는 대로 살 거야." 하고 주장한다. 하지만 그것은 그리스도인의 언어가 아니다.

그리스도인은 이렇게 말한다. "이건 내 인생이 아니다. 내 인생은 하나님께 속한 것이다. 그분이 나를 지으셨고 나를 구속하셨다. 내 몸은 성령의 전이다. 나는 주님께 속했고, 내가 사는 것은 자신을 기쁘게 하기 위해서가 아니라 그분을 섬기기 위해서이다."

과거와 결별한다

그리스도인과 불신자의 차이는 삶과 죽음의 차이만큼이나 크다. 에베소서 2장 1-3절에서, 사도 바울은 그 차이점을 생생하게 표현한다.

"그는 허물과 죄로 죽었던 너희를 살리셨도다 그 때에 너희는 그 가운데서 행하여 이 세상 풍조를 따르고 공중의 권세 잡은 자를 따랐으니 곧 지금 불순종의 아들들 가운데서 역사하는 영이라 전에는 우리도 다 그 가운데서 우리 육체의 욕심을 따라 지내며 육체와 마음의 원하는 것을 하여 다른 이들과 같이 본질상 진노의 자녀이었더니."

전능하신 하나님이 이러한 엄청난 변화를 일으키실 때, 당신은 천국 시민이 된다빌립보서 3:20. 주님이 당신에게 새 마음을 주시며 그분의 법을 당신의 마음판에 새기신다. 그래서 당신은 모든 일에 그분을 기쁘게 해드리기 원한다.

물론 당신이 그리스도인이 된다고 해서 곧바로 완전해진다는 말은 아니다. 불청객인 죄가 계속 당신 안에 거할 것이다. 그러나 비록 당신은 계속 죄를 범하지만, 당신의 최고 관심사는 크고 작은 모든 일에서 하나님을 높이고 순종하는 것이다.

당신이 진정으로 그리스도께 속했다면, 교회에서와 가정에서의 모습이 다를 수 없다. 기도할 때는 성도이고 일터에서는 사기꾼일 수 없다. 당신은 모든 죄로부터 돌이키고 하나님의 모든 명령을 지키려고 노력할 것이다. 성경 읽기와 하나님께 드리는 기도에서 그리고 어려움에 처한 자들에 대한 진실한 배려에서 기쁨을 찾을 것이다.

자신을 좋은 그리스도인으로 여기는 사람 중에는 지킬 계명들과 무시할 계명들을 스스로 선택하는 이들이 많다. 그들은 지키기 쉽고 비용도 거의 들지 않는 신앙 형태를 택하는 경향이 있다.

예를 들어, 언어 사용에 신중하며 다른 사람들을 돕는 일에 열성적이지만, 자신을 진지하게 돌아보고 내면의 거룩함을 추구하는 일에는 별로 관심이 없다. 그들은 꼬박꼬박 교회에 나가지만, 집에서는 전혀 그리스도인이 아닌 사람들과 다름없다. 개인 기도와 가족 기도에 시간을 할애하지만, 일터에서는 아무 말이나 함부로 내뱉기도 한다.

야고보는 "누구든지 스스로 경건하다 생각하며 자기 혀를 재갈 물리지 아니하고 자기 마음을 속이면 이 사람의 경건은 헛것이라"야고보서 1:26고 말한다. 거짓 그리스도인은 철저한 순종과는 거리가 멀다.

반면 참된 그리스도인이 되면, 죄와 사단과 세상 그리고 자기 의에 관련된 모든 것으로부터 등을 돌린다.

죄로부터 돌이킨다

당신이 그리스도를 신뢰할 때, 죄를 미워하며 그것을 모든 문제의 근원으로 인식하게 된다. 사도 바울처럼 당신은 죄 아래에서 신음하고 씨름하며 파괴적인 영향으로부터 벗어나기를 갈망한다.

그리스도인이 아니었을 때에는 아마 죄를 특별히 심각하게 여기지 않았을 것이다. 죄를 사랑하고 즐겁게 거기에 몰두했을 것이다.

그러나 하나님이 당신의 눈을 여시자마자, 당신은 그것을 다른 눈으로 보기 시작한다. 죄의 위험성과 추함을 보며 깨끗해지기를 소원한다. 죄악을 미워하고, 그리스도께로 속히 나아가 정결하게 해주실 것을 간구한다. 어떤 죄에 빠지면 당신은 본능적으로 다시 정결케 되기를 원한다.

참된 그리스도인이라면 누구나 죄에 대항하여 싸운다. 자주 죄에 걸려 넘어지지만, 결코 포기하지 않고 싸운다. 부단히 인내한다. 우리는 다른 대적들을 용서하며 그들을 위해 기도할 수 있지만, 죄에 대해서는 결코 그럴 수 없다. 결코 죄와 타협

할 수 없다.

죄는 철저히 근절해야 한다. 어떤 대가를 치르더라도, 결코 죄를 용납할 수 없다. 그리스도인은 죄의 유혹에 넘어가기보다는 차라리 인기와 부와 정당한 즐거움마저 포기한다.

이 글을 읽으면서 당신의 양심이 움직였는가? 당신은 죄에 대항하여 싸우고 있는가? 죄로부터 돌이켰는가? 그렇지 않다면 당신은 아직 그리스도인이 아니며, 하나님이 당신을 변화시키시지 않는 한 당신은 정죄를 당할 것이다.

사단으로부터 돌이킨다

그리스도인은 하나님의 은혜로 흑암의 권세에서 그의 사랑의 아들의 나라로 옮겨졌다 골로새서 1:13.

우리는 이전에 마귀의 손에 붙들려 있었다. 사단이 우리를 죄악의 쾌락으로 부르면 우리는 기꺼이 응했다. 그가 거짓말하도록 유혹하면, 우리는 곧바로 거짓말을 했다. 그가 가족에 대한 책임을 회피하도록 유혹하면, 우리는 그렇게 했다. 성경을 너무 진지하게 받아들인다는 사단의 꼬임에 쉽게 공감했다.

그리스도인이 되면 이 모든 것이 변한다. 예수 그리스도를 새 주인으로 받아들이며 그분을 섬기기로 결심한다. 때로는 사단이 당신을 덫에 빠트리고 죄악의 길로 유혹하지만, 이제 당신은 그 유혹에 쉽게 넘어가지 않는다. 그의 올가미와 미끼에 부단히 대항하며 그의 간교한 방법들을 민감하게 알아차린다. 사단의 손아귀에 사로잡히지 않도록 늘 주의한다.

세상으로부터 돌이킨다

불신자에게는 이 세상이 전부이다. 그들의 모든 꿈과 야망은 세상에 집중된다. 돈이나 쾌락 또는 명성 중 어떤 것을 우상화하든 세상에 압도당하며 하나님의 자리에 다른 무언가를 둔다.

죄는 참으로 무서운 것이다. 하나님은 당신을 '천사보다 조금 못하게' 지으셨지만, 죄는 당신을 '마귀와 거의 다를 바 없게' 만든다. 죄는 당신을 발이 있을 자리에 머리와 가슴이 달린 괴물로 변하게 한다. 당신은 하늘로 발길질을 해대고 모든 것이 엉망이 된다. 당신을 섬기도록 지음받은 세상이 당신을 지배한다.

그러나 주님이 당신에게 은총을 베푸실 때, 모든 것이 올바른 질서를 회복한다. 하나님이 보좌에 앉으시고, 그리스도는 당신의 마음속에 계시며, 또한 세상은 당신의 발 아래에 놓인다. 사도 바울처럼 당신도 "세상이 나를 대하여 십자가에 못 박히고 내가 또한 세상을 대하여 그러하니라" 갈라디아서 6:14고 선언할 수 있다.

불신자는 늘 세상에서 만족과 쾌락을 추구하지만, 그리스도인은 이렇게 고백한다. "하늘에서는 주 외에 누가 내게 있으리요 땅에서는 주밖에 내가 사모할 이 없나이다" 시편 73:25.

다른 어떤 것도 그 누구도 지속적인 만족을 주지 못한다. 세상이 제공하는 모든 쾌락과 즐거움은 결국 공허함과 실망만을 남긴다. 하나님 없이는 "모든 것이 헛되다" 전도서 1:2.

그러나 하나님이 함께 하시면 삶이 새로운 의미와 목적을 가진다. 그리스도인이 되면 당신의 마음은 하나님과 그분의 나라와 의를 찾는 일에 고정된다. 그리스도에 관한 것은 더 이상 당신과 무관한 것이 아니라 주요 관심사와 흥미의 대상이다. 경건이 이득보다 더 중요해진다. 이제 다른 어떤 것도 그리스도보다 더 우선적이지 않다.

자신을 점검해 보라. 어쩌면 당신은 그리스도의 편에 서 있는 체하면서 세상 것들, 돈이나 쾌락, 명성에 사로잡혀 있을지도 모른다.

하나님의 아들 예수보다 세상을 더 기뻐하는가? 예배드리고 말씀을 묵상할 때보다 당신이 보고 맛보며 만질 수 있는 것들을 생각할 때 더 편안해지는가?

세상 것들이 생각 속에 맨 먼저 떠오르고 당신의 감정을 좌지우지한다면, 그것은 하나님과의 관계가 올바르지 않음을 나타내는 표시이다.

참된 그리스도인에게는 예수 그리스도가 최고이다. 그분의 이름은 소중하고 그분의 은총은 고귀하다. 구주를 신뢰할 때 다른 모든 것은 뒷전으로 물러난다. 그분은 당신의 보물이며, 소망이며, 또한 생명이다. '온 세상이 나의 것'이라고 말하는 것보다 '그리스도는 나의 주님'이라고 말하는 것이 훨씬 더 낫다.

자기 의로부터 돌이킨다

불신자들은 자신의 노력으로 하나님의 인정을 받을 수 있다고 생각하는 경향이 있다. 그러나 주님이 당신의 눈을 열어 주시면, 자신의 의로 여겼던 것들이 더러운 누더기에 불과함을 알기 시작한다. 그것을 마치 거지의 옷처럼 여겨 벗어 던지길 원하게 된다.

거룩하신 분 앞에서 당신은 겸손해지며 자신의 종교적인 행위마저도 전혀 순전하지 않음을 자각한다. 한때 자랑했던 자신의 의를 이제 무가치한 쓰레기로 여긴다.

하나님이 귀하게 여기시는 의는 오직 그리스도의 의뿐이다. 당신의 의가 부족함을 깨달을수록, 그리스도의 의의 필요성을 더 자각하게 된다. 그리스도인은 범사에 그리스도가 필요하다. 하나님 앞에 서기 위해 그분이 필요하며, 자신의 내면을 변화시키기 위해 그분이 필요하다. 그분 없이는 기도할 수도 살아갈 수도 없다. 그리스도 없이는 여호와 앞에 나아가지 못한다. 당신 스스로는 하나님께 나아가지 못한다.

이 진리를 깨닫기 시작할 때, 복음은 더 이상 무미건조한 것으로 여겨지지 않는다. 도리어 그것은 가장 놀라운 메시지이다. 참된 그리스도인은 자신이 경험하는 영적 변화에 대한 공을 자신에게 돌리지 않는다. 자신이 그리스도께 빚진 자임을 흔쾌히 인정한다.

온 마음을 다해 하나님께로 돌이킨다

그리스도인이 되면 그 어떤 것도 유일하고 참되신 하나님보다 더 소중하지 않게 된다. 하나님이 전부가 된다. 시편 기자처럼 "나의 구원과 영광이 하나님께 있음이여 내 힘의 반석과 피난처도 하나님께 있도다" 시편 62:7라고 고백할 수 있게 된다.

당신을 진정으로 행복하게 하는 것은 무엇인가? 무엇보다도 간절히 바라는 것은 무엇인가? 주님이 "무엇이든 원하는 것을 주겠다."고 하신다면, 당신은 무엇을 구하겠는가? 무한한 쾌락이 당신을 만족시킬까? 엄청난 재산 또는 인기가? 이 모든 것 중 어느 것이 또는 이 모두가 당신을 행복하게 할까? 그렇다고 생각한다면 그것은 당신이 전심으로 하나님께 돌이키지 않았음을 나타내는 표시이다.

영혼의 가장 깊은 결핍과 갈망을 채워 줄 수 있는 것이 이 땅에는 없음을 자각한다면, 하나님의 완벽하신 성품을 탐구해 보길 바란다. 그분은 자비가 넘쳐 흐른다. 그분의 자원에는 한계가 없다. 당신에게 필요한 모든 것을 채워 주신다. 더 이상 무엇을 원하겠는가?

그분을 당신의 하나님으로 영접하면 당신은 진정한 행복을 누릴 것이다. 당신과 하나님의 관계에 문제가 없다면, 당신은 행복할 수 있는 모든 이유를 지니고 있는 것이다. 사도 베드로처럼 "주여 영생의 말씀이 주께 있사오니 우리가 누구에게로 가오리이까"요한복음 6:68라고 고백할 것이다.

더 이상 평안과 기쁨을 추구하며 여기저기 뛰어다닐 필요가 없다. 하나님께로 돌이킬 때, 당신의 불안한 날들이 끝나고 "내 영혼아 네 평안함으로 돌아갈지어다 여호와께서 너를 후대하심이로다"시편 116:7라고 노래할 수 있다.

특히 그리스도인이 되면 하나님과 사람 사이의 유일한 중보자이신 그리스도께로 돌이킨다디모데전서 2:5. 그분은 아버지께로 나아가게 하는 길이며요한복음 14:6, 그분의 임재 속으로 들어가게 하는 유일한 문이다 요한복음 10:9.

그분이 십자가에서 죽으신 것은 우리를 하나님께로 이끌기 위함이었다 베드로전서 3:18. 다른 어떤 사람도 우리를 구원하거나 우리에게 새 생명을 줄 수 없다. 자신의 죄를 자각할 때, 그분께 필사적으로 매달리게 된다.

'저는 그리스도께 나아갈 것입니다. 망해도 여기서 망하고 죽어도 여기서 죽을 것입니다. 하지만 주여, 주님을 떠나거나 주님을 따르는 길을 포기하지 않게 하소서. 저는 영원토록 주님과 함께 있길 원합니다.'

이전에는 예수님을 그처럼 진지하게 받아들이지 않았을 수 있다. 당신의 직업과 친구들과 재산을 그리스도보다 더 중요시했을 수도 있다.

하지만 이제 그분은 당신의 생명이다. 그분과 비교할 수 있는 것은 하나도 없다. 그분에 관한 모든 것이 사랑과 찬양을 받기에 합당하며, 당신은 그분의 축복을 누림과 아울러 기꺼이 그분을 섬기며 그분을 위해 고난마저 감수한다.

안타깝게도 그리스도의 절반만을 원하는 사람들이 있다. 그들은 그리스도에 의해 구원받기 원한다고 말하지만, 삶의 변화에는 관심이 없다. 그리스도의 선물에는 관심이 있지만, 그리스도께 감사하지는 않는다. 결국 그들은 그리스도가 하신 일을 그분의 존재로부터 분리시키려 하고 있다.

성경은 하나님이 예수님을 죽은 자 가운데서 다시 살려 "임금과 구주"사도행전 5:31로 높이셨다고 한다. 예수님은 우리의 죄를 없애기 위해 자신을 드린 제사장이실 뿐만 아니라 우리의 삶을 다스리시는 왕이시기도 하다. 하나님이 합하신 것을 우리가 나누려 해서는 안 된다.

모두가 고난으로부터 구원받기 원하지만 모두가 죄악으로부터 구원받기 원하는 것은 아니다. 이 점에 매우 주의해야 한다.

참된 그리스도인은 그리스도의 모든 면을 신뢰한다. 그분을 기꺼이 구주와 주님으로 받아들인다. 사도 바울처럼 순종하는 자세로 "주여, 제가 무슨 일을 하리이까?" 하고 묻는다.

그리스도께로 돌이킨다는 것은 그분의 계명과 방식으로 돌이킴을 뜻하는 것이기도 하다.

하나님의 계명이 흥미롭지 않고 엄하게 보일 때도 있을 것이다. 하지만 그분이 당신의 마음을 변화시키시면, 하나님의 계명을 사랑하여 영원한 규례와 길잡이로 택할 것이다. 하나님의 계명이 "거룩하고 의롭고 선하다"로마서 7:12는 사실을 의심하지 않을 것이며, 다윗처럼 이렇게 말할 것이다.

> 여호와의 율법은 완전하여 영혼을 소성시키며
> 여호와의 증거는 확실하여 우둔한 자를 지혜롭게 하며
> 여호와의 교훈은 정직하여 마음을 기쁘게 하고
> 여호와의 계명은 순결하여 눈을 밝게 하시도다
> 여호와를 경외하는 도는 정결하여 영원까지 이르고
> 여호와의 법도 진실하여 다 의로우니
> 금 곧 많은 순금보다 더 사모할 것이며
> 꿀과 송이꿀보다 더 달도다시편 19:7-10.

어떤 이는 하나님의 계명이 다른 사람들에게 적합하다고 생각하지만, 정작 자신에 대해서는 핑계를 댄다. 그 계명들이 자신과는 상관없으며 자신의 상황은 예외라고 생각한다. 그러나 당신이 참된 그리스도인이라면, 하나님의 계명들을 단지 일반적인 의미에서만이 아니라 당신 자신을 위해서도 최선으로

여길 것이다. 그것들은 견딜 만한 것이 아니라 사모할 만한 것이다. 시편 119편은 경건한 사람의 판단을 잘 표현하고 있다.

> 내가 주의 계명을 금 곧 정금보다 더 사랑하나이다
> 그러므로 내가 주의 계명들을 금 곧 순금보다 더 사랑하나이다
> 그러므로 내가 범사에 모든 주의 법도들을 바르게 여기고
> 모든 거짓 행위를 미워하나이다
> 여호와여 주는 의로우시고 주의 판단은 옳으니이다
> 주께서 명령하신 증거들은 의롭고 지극히 성실하니이다
> 주의 의는 영원한 의요 주의 율법은 진리로소이다
> 주의 증거들은 영원히 의로우시니
> 나로 하여금 깨닫게 하사
> 살게 하소서 시편 119:127-128, 137-138, 142, 144.

하나님의 뜻을 행하려는 이 같은 다짐은 당신의 삶에서 드러나는 어떤 죄나 결함도 모조리 탐지할 것임을 의미한다. 더 이상 자신의 죄를 가리거나 무시하지 않을 것이다. 당연히 이렇게 기도할 것이다.

'주여, 제 마음속에 있는 죄를 제게 보여주소서. 그리고 제

게 요구하시는 것을 가르쳐 주소서. 주님을 거스르는 죄를 범했다면 과감히 돌이키겠나이다.'

자신의 죄를 드러내는 일에 예민할 뿐만 아니라, 하나님을 기쁘시게 해드리기 위해 그분이 원하시는 일을 알고 싶어하게 된다. 당신이 하나님의 뜻을 행하려는 것은, 의무감이나 공포심이 아니라 예수 그리스도를 따르려는 열정 때문이다. 주님이 당신의 마음을 만지실 때, 그분의 계명들이 당신을 자유케 할 것이며, 따라서 당신은 억지로가 아니라 자발적으로 섬기기 시작한다.

비록 하나님의 기준에는 언제나 미흡하겠지만, 당신의 목표는 완전함이다. 그리고 이런 태도를 지닐 것이다. "오직 내가 그리스도 예수께 잡힌 바 된 그것을 잡으려고 달려가노라⋯⋯ 뒤에 있는 것은 잊어버리고 앞에 있는 것을 잡으려고 푯대를 향하여 그리스도 예수 안에서 하나님이 위에서 부르신 부름의 상을 위하여 달려가노라" 빌립보서 3:12-14.

그리스도를 닮기 원하는 참된 그리스도인과 단지 천국에 들어가는 데만 관심이 있는 그리스도인 사이에는 분명한 차이가 있다. 어떤 그리스도인은 단지 천국에 들어갈 수 있을 정도의 거룩함만을 원한다. 그들은 지옥에 떨어지지 않기 위해 필요한 정도 이상의 거룩함을 원하지 않는다. 하지만 참된 그리스도인은 천국을 위해서만이 아니라 거룩함 그 자체를 위해 거룩해지기 원한다.

당신은 어떠한가? 예수 그리스도로 인해 당신의 생활 전체가 변했는가? 거룩함을 최우선 목표로 삼고 있는가?

다시 한번 자신을 점검해 보기 바란다. 당신의 양심이 무엇을 말하는가? 당신을 고발하는가? 당신을 정죄하며 특정한 죄를 지적하는가? 소홀히 하던 신앙적인 책임들을 상기시키는가? 기도하지 않고 자녀를 방치하며 또한 하나님께 받은 시간을 허비하는 것을 지적할 수도 있다. 죄로부터 돌이켜 전심으로 하나님을 향해 나아갈 때까지 양심의 집요한 지적을 당해야 할 것이다.

A Sure Guide to
HEAVEN

어떻게 그리스도인이 되는가?

그리스도인은
성령의 깨끗하게 하심과 거룩하게 하심에 힘입어
하나님께로부터 난 자이다.

하나님은 우리의 행위 때문이 아니라
그분의 긍휼하심을 따라 우리를 구원하신다.

십자가에서 죽으시고 다시 살아나신 예수 그리스도 없이는
누구도 하나님과 화목할 수 없고 그분께 나아갈 수 없다.

성경은 사람을 하나님께로 이끌기 위해
하나님이 사용하시는 방편으로, 구원에 이르는 지혜를 준다.

그리스도인이 되면 죄의 해악을 직시하게 되며
그리스도를 섬기고 영화롭게 하는 것을
가장 큰 목표이자 기쁨으로 삼게 된다.

"예수께서 대답하시되 진실로 진실로 네게 이르노니 사람이 물과 성령으로 나지 아니하면 하나님의 나라에 들어갈 수 없느니라 육으로 난 것은 육이요 영으로 난 것은 영이니 내가 네게 거듭나야 하겠다 하는 말을 놀랍게 여기지 말라" 요한복음 3:5-7

그리스도께 속하지 않은 사람의 상태는

너무나 절망적이어서 형언하기 어려울 정도다.

그는 자신의 노획물의 영원한 파멸만을 모색하는 마귀의 지배를 받는다.

새롭게 변화되지 않는 한 그의 모든 죄악은

끝까지 하나도 없어지지 아니하고 견딜 수 없는 무게로 그를 짓누른다.

하나님께 돌이키지 않는 자는 하나님의 거룩하신 진노 아래에 놓여

그분의 가차없는 보응으로 인해 지옥에 삼켜지게 된다.

A Sure Guide to HEAVEN

PART 2

왜 그리스도인이
되어야 하는가?

CHAPTER 3

구원은 정말 중요한 일인가?

어쩌면 당신은 이렇게 생각할지도 모른다. '왜 이 사람은 내가 회개하고 그리스도께로 돌이켜야 한다고 말할까? 왜 나를 그냥 내버려 두지 않을까?'

당신이 지금 상태로도 구원받을 수 있다면, 나는 기꺼이 당신을 내버려 둘 것이다. 그러나 사실 그렇지 않다. 그리스도인이 되지 않으면 나는 천국에서 당신을 보지 못할 것이다.

전심으로 하나님께로 돌이켜 새 삶을 시작하지 않으면, 당신은 구원받을 수 없다. 주 예수님은 "사람이 거듭나지 아니하면 하나님의 나라를 볼 수 없느니라" 요한복음 3:3고 분명히 말씀하셨다. 이것은 성숙한 그리스도인을 위한 말씀이 아니다.

어느 유명한 축구 감독이 "축구는 삶과 죽음의 문제가 아니다. 그것보다 더 중요한 문제다!"라고 말했다. 당신에게는 무엇이 가장 중요한가? 음식? 건강? 스포츠?

그리스도인이 되고 영원한 생명을 얻는 것은 이것들보다 훨씬 더 중요하다. 사실 진정으로 중요한 것은 그것뿐이다. 당신의 재산과 명성, 심지어 목숨마저 그리스도를 위해 기꺼이 포기할 수도 있다. 그리스도가 훨씬 더 중요하다. 그분 없이 당신은 구원받을 수 없다.

당신이 그리스도인이 되어야 하는 이유는 다음과 같다.

그리스도가 없으면 삶이 무의미하다

하나님은 목적을 가지고 당신을 지으셨다. 당신이 그분께로 돌이키지 않는다면, 당신은 지음받은 목적을 실현하지 못한다. 하나님은 당신에게 논리적으로 생각할 수 있는 능력과 마음을 주셨다. 당신은 기묘하게 지음받았다시편 139:14. 주님이 당신 자신의 욕구를 만족시키려고 당신을 지으셨다고 생각하는가?

하나님 없이는, 당신 삶이 아무 의미와 목적도 없다. 당신이 계속 하나님을 떠나 산다면, 차라리 아예 태어나지 않는 것이 더 낫다.

주님께 지음받은 목적을 실현하기 위해서는 그리스도인이 되어야 한다. 그리스도를 떠난 당신은 마치 조율되지 않거나 줄이 끊어진 멋진 악기와 같다. 당신은 수리되고 조율되어야 한다. 그렇지 않으면 당신의 기도와 종교적인 행위들을 하나님이 기뻐하지 않으실 것이다.

인간은 너무나 악하므로 혼자 방치되면 살아계신 하나님을 섬길 수가 없다. 성경은 당신이 그리스도께로 돌이키기 전에는 전혀 하나님을 기쁘시게 할 수 없고로마서 5:6 죄 가운데서 죽은 자라고 한다에베소서 2:5. 사실 불신자는 하나님의 방식을 따르는 일에 관심이 없다. 성령의 도우심 없이 하나님을 섬기려는 것은 물감과 붓 없이 그림을 그리거나 재료 없이 집을 지으려는 것과 같다.

당신의 마음속에 주님을 향한 참된 사랑이 없다면, 당신의 모든 선한 행위와 기도와 예배는 헛되다. 나쁜 나무가 어떻게 좋은 열매를 맺을 수 있겠는가?

예수님은 사람 마음의 부패성을 가차 없이 지적하셨다. "마음에서 나오는 것은 악한 생각과 살인과 간음과 음란과 도둑질과 거짓 증언과 비방이니" 마태복음 15:19. 하나님의 피조물 중 최고인 존재가 이처럼 무서운 상태라니 얼마나 끔찍한가!

그리스도가 없으면 종교가 무의미하다

당신의 종교가 무엇이든, 당신이 그 종교에 얼마나 헌신하든, 그리스도 없이는 결코 하나님을 기쁘시게 하거나 당신의 영혼을 구원할 수 없다 로마서 8:8. 가장 장엄한 종교 예식들마저 하나님께는 혐오스럽다 이사야 1:14, 잠언 28:9, 말라기 1:10.

많은 사람이 약간의 기도나 구제를 통해 자신의 죄 문제를 해결할 수 있을 거라고 생각한다. 하지만 그들에게 진정으로 필요한 것은 마음의 철저한 변화이다. 그리스도인이 되기 전 사도 바울은 하나님의 율법을 외적으로 지키는 일에 있어서는 흠이 없는 자였다. 하지만 그것이 하나님의 인정을 받게 해

주지는 못했다빌립보서 3:6-7.

심지어 어떤 이는 자신이 주님을 위해 많은 일을 했으므로 당연히 구원 얻을 권리를 지녔다고 생각한다. 터무니없는 생각이다. 당신의 죄를 자각할 때, 약간의 기도와 자기 개선으로 하나님과 화평할 거라고 생각하지 말라. 마음이 변하지 않는 한 당신은 결코 하나님을 기쁘시게 할 수 없다.

그리스도가 없으면 장래의 소망이 무의미하다

그리스도인이 되지 않으면 이생에서나 내생에서 소망이 없다. 주 하나님은 당신의 백성에게만 화평을 말씀하신다시편 85:8.

계속적으로 범죄하면서 느끼는 평안은 하나님께로부터 오는 평안이 아니다. 성경은 죄를 질병으로, 최악의 질병으로 규정한다이사야 1:5. 죄는 치명적인 부상이나 불치의 병과도 같다. 그것은 찌르고 상처를 입히며 고통을 준다. 심한 질병에 걸렸을 때 좋은 기분을 느낄 수 없는 것처럼, 죄 가운데서는 참 평안과 위로를 찾을 수 없다.

죄는 영혼의 온갖 질병을 키우는 양식장이다. 육욕은 골수염이다. 교만은 치명적인 염증이다. 탐욕은 참을 수 없고 채워지지 않는 갈증이다. 적의와 시기심은 마음속의 독이다. 그토록 많은 질병을 지닌 사람이 어떻게 참 평안을 누릴 수 있겠는가?

죄악으로 병든 당신의 영혼을 치유하고 지속적인 평안을 제공할 수 있는 이는 오직 예수 그리스도뿐이시다. 성경은 "주의 법을 사랑하는 자에게는 큰 평안이 있으니 그들에게 장애물이 없으리이다"시편 119:165라고 말한다.

참된 평안은 지혜의 길을 걸을 때 온다잠언 3:17. 양심이 먼저 깨끗해지지 않으면 결코 평안을 얻지 못한다히브리서 10:22. 그리스도 없이 살아가면서 느끼는 평안은 거짓된 것이다. 세상의 어떤 곤경보다 더 두려워해야 할 두 종류의 평안은 죄와 함께하는 평안과 죄 속에서 느끼는 평안이다.

그리스도 없이는 이생에서 참된 평안을 찾거나 내생에서의 평안을 기대할 수 없다. 자신을 그리스도인이라고 생각하면서 죄로부터 돌이키지 않고 예수 그리스도께 자신을 맡기지도 않는다면, 성경 용어로 당신은 '사곡한 자', 즉 위선자이다. 성경에는 위선자에 대한 매우 심각한 경고들이 나온다. "불경건한 자가 이익을 얻었으나 하나님이 그의 영혼을 거두실 때에는 무슨 희망이 있으랴"욥기 27:8.

참된 그리스도인이 죽을 때에는 그의 모든 소망이 실현되지만, 불신자가 죽을 때에는 그의 모든 소망이 좌절된다. 신자가 죽음에 직면할 때, 그의 소망은 여전히 살아 있다. 왜냐하면 "의인은 그의 죽음에도 소망이 있기"잠언 14:32 때문이다. 비록 그의 몸이 쇠약해지고 있지만, 그의 소망은 여전히 밝다. 그것은 살아 있는 소망이다.

성경은 "악인은 죽을 때에 그 소망이 끊어지나니 불의의 소망이 없어지느니라"잠언 11:7고 한다. 구원받지 못한 자들은 이 생의 소망만을 지니므로 가장 비참한 자들이다.

당신이 예수 그리스도 없이 구원받기를 소망한다면, 결국 하나님을 거짓말쟁이로 입증하길 바라는 셈이다. 돌이키지 않는 자를 구원하지는 않을 것이라고 주님은 친히 말씀하셨다. 당신이 누구든 무슨 일을 하든, 새로운 피조물이 되지 않는 한 그 어떤 것도 당신을 구원하지 못한다.

그리스도께로 돌이키지 않고도 구원을 소망하며 하나님의 자비를 기대하는 것은 "나는 하나님이 자신의 말씀과 다르게 행하실 것을 소망한다."라고 말하는 것과 같다. 이것은 신성 모독이다. 주님은 자비로우시지만 자신의 말씀을 깨트리시지는 않는다.

참된 소망은 당신을 죄로부터 정결케 할 것이다. "주를 향하여 이 소망을 가진 자마다 그의 깨끗하심과 같이 자기를 깨끗하게 하느니라" 요한일서 3:3.

그리스도가 없으면 십자가도 무의미하다

어떤 이는 주 예수님이 죄인들을 위해 죽으셨기 때문에 그들도 구원받을 것이라고 생각한다. 하지만 그리스도가 죽으신 것은 죄에서 돌이키지 않는 죄인들을 구원하기 위해서가 아니다.

한 지혜로운 설교자는 청중에게 "그리스도가 여러분을 위해 하신 일이 무엇입니까?", "성령이 여러분 속에서 하신 일이 무엇입니까?"라고 두 가지 질문을 던지곤 했다. 성령이 당신을 변화시켜 당신에게 새 생명을 주시지 않으면, 그리스도의 고난과 죽음도 당신에게 아무 유익이 되지 않는다.

성경은 하나님이 우리를 "그 앞에 거룩하고 흠이 없게 하시려고" 아들을 세상에 보내셨다고 한다에베소서 1:4. 주 예수님이 십자가에서 죽으신 것은 "모든 불법에서 우리를 속량하시고 우리를 깨끗하게 하사 선한 일을 열심히 하는 자기 백성이 되게 하려 하심"디도서 2:14이다.

예수님이 불경건하게 살아가는 자들을 구원하신다면, 그분은 하나님 아버지의 목적을 거스르고 그분의 성품을 부정하셔야 한다.

하나님은 공의롭고 의로우시다. 그분은 각 사람의 행실에 따라 심판하신다. 악한 자와 의인을 똑같이 대하실 수 없고 또 그렇게 대하지 않으실 것이다.

하나님은 거룩하시다. 하나님이 죄인들을 구원하신다는 것은 분명 놀라운 사실이다. 하지만 죄악 속에 계속 머무는 우리를 구원하신다면, 그것은 그분의 거룩성에 위배된다. 하나님과 죄는 결코 공존할 수 없다. 주님은 무한히 순수하시다. 당신이 죄 씻음을 받지 않는다면, 하나님의 심판에서 살아 남을 수 없다.

하나님은 참되시다. 하나님은 "자기의 죄를 숨기는 자는 형통하지 못하나 죄를 자복하고 버리는 자는 불쌍히 여김을 받으리라"잠 28:13고 하셨다. 하늘과 땅의 주님께 나아가기 위해서는 깨끗한 손과 정결한 마음을 지녀야 한다시편 24:3-4.

변화되지 않은 죄인들을 하나님이 구원하신다면 하나님의 진리가 어디 있겠는가? 그리스도가 당신을 구원하기 위해 하나님을 거짓말쟁이로 만들고 그 자신의 말을 어기실 수 있겠는가?

하나님은 지혜로우시다. 하나님은 자신의 자비를 귀하게 여기지 않는 자들에게는 자비를 베풀지 않으신다. 당신이 죄를 회개하지 않는다면 하나님의 큰 구원을 결코 고맙게 여기지 않을 것이다. 건강한 사람이 의사를 찾아가지 않듯이 당신은 그리스도를 의지하지 않을 것이다.

진주를 돼지 앞에 던지지 말라고 하신 주님은 최상의 선물을 짓밟는 자들에게는 결코 그것을 주시지 않을 것이다. 주님은 천상의 귀한 축복을 죄악의 쾌락에 몰두하는 죄인들에게 주는 어리석음을 범하지 않으신다.

하나님은 결코 변하지 않으신다. 그분은 영원히 전지전능하시다. 주 예수님은 마음이 청결한 자만이 하나님을 볼 것이라고 하셨다 마태복음 5:8. 내적으로 변화되지 않은 사람을 천국으로 인도하는 것은 하나님의 뜻을 거스르는 일이다. 그렇게 하려면 하나님의 성품이 변해야 하는데, 이것은 불가능한 일이다.

그리스도가 여전히 죄 가운데 있는 당신을 천국으로 데려가신다면, 당신은 그곳에 전혀 적응하지 못할 것이다. 마치 물 밖으로 나온 물고기와 같을 것이다. 천국은 당신에게 어울리지 않을 것이다. 어떻게 어둠이 빛과 조화를 이룰 수 있겠으며, 부패한 것이 완전한 것과 조화를 이룰 수 있겠는가?

당신은 천국에서 편안함을 느끼지 못할 것이다. 지금도 주일이 지루하고 길게 느껴진다면, 영원한 주일은 얼마나 끔찍하겠는가?

변화되지 않고도 구원받겠다는 헛된 소망을 포기하라. 천국의 법이 바뀔 거라고 생각하는가? 하나님의 성품이 바뀔 거라고 생각하는가? 하나님이 공의나 거룩, 전지전능하심을 포기하실 거라고 생각하는가? 그것은 불가능한 일이다. 그런 생각은 터무니없으며 신성모독이다.

변화되지 않은 당신을 그리스도가 구원하실 거라는 생각은 주님을 죄인으로 만들려는 생각이다. 예수 그리스도는 친히 말씀하셨다. "내가 네게 거듭나야 하겠다 하는 말을 놀랍게 여기지 말라" 요한복음 3:7. "너희도 만일 회개하지 아니하면 다 이와 같이 망하리라" 누가복음 13:3.

그리스도는 같은 사실을 여러 차례 반복하여 강조하셨다. "진실로 진실로 네게 이르노니 사람이 거듭나지 아니하면 하나님의 나라를 볼 수 없느니라" 요한복음 3:3.

예외 없이 우리 모두는 죄성을 지니고 태어났다. 우리는 성령의 강력한 역사에 의해 거듭나야 한다. 그렇지 않으면 천국에 적합하지 않다. 주 예수님이 변화되지 않은 당신을 구원하시려고 천국 법을 거스르실 수는 없다. 그분의 방식을 무시하거나 불순종하는 자들은 결코 그분의 안식에 들어갈 수 없다 히브리서 3:18.

하나님은 죄인들을 사랑하시지만 아울러 죄를 미워하신다는 사실을 명심해야 한다. 그리스도를 따르는 자라면 죄와 결별하고 거룩한 삶을 추구해야 한다디모데후서 2:19, 디도서 2:12, 요한일서 3:3. 주 예수님은 죄를 용서하시지만 죄 자체를 용납하진 않는다는 사실을 분명히 자각하기 원하신다.

이제 자기 만족에서 깨어날 때가 되었다. 계속 그리스도 없이 살아간다면, 당신은 지옥으로 갈 것이다. 오직 예수 그리스도만이 당신을 구원하실 수 있다. 아무 핑계도 대지 말라. 돌이키지 않으면 지옥 불에 던지울 것이다. 언제까지 미루려 하는가? 장래에 대해 관심이 있다면 지금 그리스도께로 돌이키라.

성경은 롯이라는 사람에 대한 이야기를 들려준다. 그는 죄악으로 인해 멸망당했던 지역에서 살았다. 심판 날 아침, 하나님은 천사를 보내 서둘러 떠나라고 하셨다. 그가 망설이고 있을 때, 천사들이 그의 손을 잡고 성에서 이끌어 냈다. 그러고 나서

"도망하여 생명을 보존하라 돌아보거나 들에 머물지 말고 산으로 도망하여 멸망함을 면하라"고 당부했다창세기 19:15-17.

이처럼 주 예수님은 우리 같은 죄인들에게 와서 죄로부터 달아날 것을 재촉하신다. 기꺼이 우리 손을 잡고 안전한 곳으로 이끌려 하신다. 하지만 우리가 자신의 위험과 그분의 구원의 능력의 필요성을 자각하는 것이 중요하다.

계속 그리스도를 대적한다면, 정죄당하는 자신에 대해 누구도 원망하지 못할 것이다. 경고를 듣지 못했다고 말할 수도 없다. 내 마음속에 있는 메시지를 전하는 것만으로는 부족함을 느낀다.

과연 당신은 이제 구주께로 돌이키겠는가? 아니면 내가 이 글을 쓰는 것이 시간 낭비인가? 멀쩡하게 눈을 뜨고 지옥 불 속으로 뛰어들지 말고 생각하라. 죄를 회개하라. 바보가 아닌 한 하나님의 거룩하신 분노와 지옥 같은 중요한 문제들을 가볍게 여기지 않을 것이다.

지금 방향을 바꾸라! 정결해지고 싶지 않은가? 언제 그렇게 되겠는가? 가만히 앉아서 생각해 보라. 그리스도께로 돌이키는 것이 최선이 아닐까? 결국 모든 것이 잘 될 거라며 헛되이 자신을 설득하려 하지 말고, 구주를 온전히 의지하라.

   하나님 아버지, 도와주소서. 독자 중에는 이 글에 귀 기울이지 않는 이들도 있지만, 저는 주님이 제 기도를 들어주실 줄로 믿습니다. 간구하오니, 이 글을 읽는 자들을 일깨워 주소서. 주여, 그들을 구원하소서. 그렇게 하시지 않으면 그들은 심판당할 것입니다. 그들이 잠자리에 든 사이에 불 타고 있는 그들의 집을 볼 때 제 마음은 녹아내릴 것입니다. 영원한 징벌 속에 떨어지는 그들을 볼 때 저는 더욱 고통스러울 것입니다. 주여, 그들을 긍휼히 여기사 불길에서 구해주소서. 주님의 신령한 권능으로 구원을 베푸소서.

A Sure Guide to
HEAVEN

구원은 정말 중요한 일인가?

하나님은 목적을 가지고 우리를 지으셨다.
따라서 하나님 없는, 그리스도를 떠난 우리의 존재와 삶은
아무 목적도 없는 무의미한 것이 된다.

죄악으로 병든 영혼을 치유하고
평안을 줄 수 있는 이는 오직 예수 그리스도뿐이시다.

그리스도 없이는 결코 자신의 영혼을 구할 수 없으며
하나님을 기쁘시게 할 수도 없다.

그리스도가 십자가에서 죽으신 것은
죄에서 돌이키지 않는 죄인들을 구원하기 위해서가 아니다.
성령이 당신을 변화시켜 새 생명을 주시지 않으면,
그리스도의 고난과 죽음도
당신에게 아무 유익이 되지 않는다.

"예수께서 대답하여 이르시되 진실로 진실로 네게 이르노니 사람이 거듭나지 아니하면 하나님의 나라를 볼 수 없느니라" 요한복음 3:3

CHAPTER 4
우리는 지금 어떤 상태인가?

성경은 자신의 상태가 심각함을 깨닫지 못하는 사람들이 매우 많다고 경고한다. 그들은 자신이 매우 종교적이고 높은 도덕 기준을 지니고 있으며, 그래서 아무 문제도 없다고 말한다. 따라서 그들은 자신에게 아무런 영적 변화도 필요하지 않다고 생각한다.

하지만 그들은 "스스로 깨끗한 자로 여기면서도 자기의 더러운 것을 씻지 아니하는 무리"잠언 30:12이다.

한번은 예수님이 한 교회에게, 영적으로 부요함을 자처하지만 실상은 곤고하고 가련하고 가난하며 눈멀고 벌거벗었음을 지적하셨다요한계시록 3:17. 겉모습에 속을 수 있음을 우리는 잘 알고 있다. 감정에도 마찬가지이다.

모든 사람은 용서와 죄 씻음을 받을 필요가 있다. 사도 바울은 "음행하는 자나 더러운 자나 탐하는 자 곧 우상 숭배자는 다 그리스도와 하나님의 나라에서 기업을 얻지 못하리니"에베소서 5:5라고 했다.

고린도교회에 보내는 편지에서도 비슷한 언급을 했다. "불의한 자가 하나님의 나라를 유업으로 받지 못할 줄을 알지 못하느냐 미혹을 받지 말라 음행하는 자나 우상 숭배하는 자나 간음하는 자나 탐색하는 자나 남색하는 자나 도적이나 탐욕을 부리는 자나 술 취하는 자나 모욕하는 자나 속여 빼앗는 자들은 하나님의 나라를 유업으로 받지 못하리라"고린도전서 6:9-10.

요한계시록에서도 이렇게 경고한다. "두려워하는 자들과 믿지 아니하는 자들과 흉악한 자들과 살인자들과 음행하는 자들과 점술가들과 우상 숭배자들과 거짓말하는 모든 자들은 불과 유황으로 타는 못에 던져지리니 이것이 둘째 사망이라"요한계시록 21:8.

여기 열거된 죄 중 하나라도 범했다면 당신의 현재 상태로는 구원받을 수 없다.

명확한 죄

거짓말

거짓말을 하실 수 없는 하나님은 천국에 거짓말쟁이들을 위한 곳이 없음을 분명히 밝히셨다. 거짓말하는 혀와 거짓 증언은 하나님이 특별히 혐오하시는 일곱 가지 죄악에 속한다 잠언 6:16-19. 거짓말쟁이들은 거짓의 아비인 마귀와 함께 지옥에 떨어진다.

맹세

십계명 중 세 번째가 "너는 네 하나님 여호와의 이름을 망령되게 부르지 말라 여호와는 그의 이름을 망령되게 부르는 자를 죄 없다 하지 아니하리라" 출애굽기 20:7이다. 일상적인 대화에서든 종교적인 맹세로든 하나님의 이름을 무분별하게 입에 담는다면, 당신은 그분의 이름을 망령되이 일컫는 셈이다.

야고보는 이렇게 권한다. "내 형제들아 무엇보다도 맹세하지 말지니 하늘로나 땅으로나 아무 다른 것으로도 맹세하지 말고 오직 너희가 그렇다고 생각하는 것은 그렇다 하고 아니라고 생각하는 것은 아니라 하여 정죄받음을 면하라"야고보서 5:12.

악담

성경은 잔인하고 악의 있는 말을 거듭 정죄한다. 악담은 상대방의 면전에서 하거나 뒤에서 몰래 하는 말 모두이다. 하나님과의 친교를 누리려면 "그의 혀로 남을 허물하지 아니하고 그의 이웃에게 악을 행하지 아니하며 그의 이웃을 비방하지" 아니해야 한다시편 15:3.

도둑질

이득을 위해 고객을 속이는 행위 또는 소위 좀도둑질을 포함하여 모든 형태의 도둑질을 주님은 철저히 금하신다. 주님은 훔친 물건이 살을 태우는 고통을 줄 것이라고 하셨다야고보서 5:2-3.

술 취함

하나님은 과도하고 무책임하게 술을 마시는 자들에게 경고하신다. "아침에 일찍이 일어나 독주를 마시며 밤이 깊도록 포도주에 취하는 자들은 화 있을진저……포도주를 마시기에 용감하며 독주를 잘 빚는 자들은 화 있을진저"이사야 5:11, 22. 이런 사람들은 성령에 의해 거듭나서 변화되지 않으면 하나님 나라를 유업으로 받지 못한다.

예배 거부

예수 그리스도는 "마음을 다하고 목숨을 다하고 뜻을 다하고 힘을 다하여 주 너의 하나님을 사랑"하는 것이 가장 크고 으뜸인 계명이라고 선언하셨다마가복음 12:29-30. 따라서 가장 크고 으뜸인 죄는 하나님께 예배드리기를 거부하며 그분의 말씀을 무시하며, 생각 속에서 그분을 배제시키고 살아가는 것이다.

하나님의 일을 비웃음

설교자를 조롱하거나 진지하게 기독교 신앙을 받아들이는 사람을 비웃는 자들은 비극적인 결말을 맞게 된다. "그의 백성이 하나님의 사신들을 비웃고 그의 말씀을 멸시하며 그의 선지자를 욕하여 여호와의 진노를 그의 백성에게 미치게 하여 회복할 수 없게 하였으므로" 역대하 36:16.

성적인 죄

결혼은 하나님이 첫 남자와 첫 여자를 지으신 직후 제정하신 제도이다. 성경에서 남편과 아내의 관계는 매우 중요시된다. 성적인 관계는 부부 사이에서만 허용된다. 따라서 성경은 간통, 간음, 동성애 등을 거듭 금한다 출애굽기 20:14, 레위기 18:22, 고린도전서 6:9-10.

이런 죄를 범한 적이 있는지 생각해 보라. 있다면 하나님의 진노가 당신 위에 드리워져 있고 당신에게 심판이 닥치는 것은 시간 문제일 뿐이다. 양심은 당신을 안다. 친구들과 가족과 이웃들도 당신이 어떤 사람인지 알고 있다.

이제 "돌이켜 회개하고 모든 죄에서" 떠나기 바란다에스겔 18:30. 완악한 죄인들의 마지막은 얼마나 끔찍한가! 당신은 경고를 들었다. 나의 글을 진심으로 받아들이든 거부하든, 나는 다음의 성경 구절을 당신에게 제시할 것이다. 이 구절들은 당신의 심령을 일깨울 것이다.

> 자주 책망을 받으면서도 목이 곧은 사람은
> 갑자기 패망을 당하고 피하지 못하리라잠언 29:1.

> 내가 불렀으나 너희가 듣기 싫어하였고
> 내가 손을 폈으나 돌아보는 자가 없었고……
> 너희가 재앙을 만날 때에 내가 웃을 것이며
> 너희에게 두려움이 임할 때에 내가 비웃으리라
> 너희의 두려움이 광풍같이 임하겠고
> 너희의 재앙이 폭풍같이 이르겠고
> 너희에게 근심과 슬픔이 임하리니잠언 1:24-27.

이처럼 명확하게 노출된 죄를 지은 적이 없다고 생각하면서 스스로를 위로하는 사람도 많을 것이다. 하지만 그렇다고 해서 아무 문제가 없는 것은 아니다. 당신은 마음의 변화를 전혀 경험하지 못한 채 자신과 다른 사람들을 속이고 선한 그리스도인 행세를 할 수 있다.

주 예수님은 심판 날에 많은 사람이 이렇게 말할 것이라고 경고하셨다. "그 날에 많은 사람이 나더러 이르되 주여 주여 우리가 주의 이름으로 선지자 노릇하며 주의 이름으로 귀신을 쫓아 내며 주의 이름으로 많은 권능을 행하지 아니하였나이까 하리니 그 때에 내가 그들에게 밝히 말하되 내가 너희를 도무지 알지 못하니 불법을 행하는 자들아 내게서 떠나가라 하리라" 마태복음 7:22-23.

수많은 사람이 은밀한 죄악으로 인해 정죄받을 것이다. 자신의 마음을 철저히 점검하지 않으면 심지어 자신마저도 그 죄악들을 모를 수 있다.

모호한 죄

고의적인 무지

하나님은 "내 백성이 지식이 없으므로 망하는도다" 호세아 4:6

라고 선언하신다. 그들에게는 변명의 여지가 없었다. 그들에게 지식이 제공되었다. 하나님이 사자들을 보내셨다. 그러나 그들은 알고 싶어하지 않았다.

그들의 무지는 의도적이었다. 이해할 수 없었던 것이 아니라 이해하지 않으려 한 것이다.

오늘날에도 이런 사람이 많다. 이런 사람은 성경은 지니고 있지만 하나님 말씀을 받아들이려 하지 않는다.

하나님과 그분의 방식에 대한 무지는 자랑이 아니다. 성경은 이렇게 경고한다. "주 예수께서 자기의 능력의 천사들과 함께 하늘로부터 불꽃 가운데에 나타나실 때에 하나님을 모르는 자들과 우리 주 예수의 복음에 복종하지 않는 자들에게 형벌을 내리시리니" 데살로니가후서 1:7-8. 당신도 여기에 속하지 않도록 주의하라. 무지한 채로 죽음을 맞는 일이 없도록 하라.

그리스도를 신뢰하지 않음

예수 그리스도는 자신을 따르는 사람들에게 이렇게 경고하셨다. "무릇 내게 오는 자가 자기 부모와 처자와 형제와 자매와 더욱이 자기 목숨까지 미워하지 아니하면 능히 내 제자가 되지 못하고"누가복음 14:26.

그러나 너무나 많은 사람이 단순한 종교 생활에 그친다. 그리스도께 철저히 헌신하지 않는다. 죄악을 너무 많이 사랑한다. 또한 자신을 부인하길 거부하며 참된 그리스도인이 되는 데 따르는 대가를 기피한다.

외형적 신앙 생활에 만족

종교의 외형만으로 만족하는 사람들이 많다. 이것이 다른 사람들에게 감명을 줄 수 있을지는 모르지만 결국 자신을 영원한 파멸로 이끌 뿐이다.

그들은 교회에 가고 금식하고 기도하며 구제함으로써 구원받을 거라고 믿는다. 그러나 내적으로 하나님의 역사를 경험하지 않고 그리스도의 복음의 능력을 알지 못한다면, 그들은 정죄받고 말 것이다.

종교가 당신의 마음을 강퍅하게 하고 당신을 속일 뿐이라면 그것은 참으로 끔찍한 일이다.

그릇된 동기

영적인 동기 없이도 선한 일을 추구하기 쉽다. 종교 행위를 하는 주요 동기가 양심을 달래거나 다른 사람들에게 감명을 주거나 영적인 사람이라는 명성을 얻거나 혹은 은사와 재능을 과시하는 것이라면, 당신의 동기는 불순하며 당신에게는 여전히 새 마음이 필요하다.

자기 의에 대한 신뢰

하나님과의 화목을 위해 자신의 선한 성품을 신뢰하고 있다면, 그리스도의 완벽한 의를 거부하는 셈이다. 이상하게 들릴 수 있지만, 당신이 '선행'이라고 생각하는 것이 죄악과 마찬가지로 당신을 정죄의 심판으로 이끌 수 있다.

하나님의 용서를 받으며 또한 그분의 은총을 얻기 위해 당신이 할 수 있는 일은 아무 것도 없다. 당신 스스로 그렇게 하려 한다면 자신을 구주로 삼는 것이며, 예수 그리스도를 모욕하는 일이다. 선지자 이사야는 "우리는 다 부정한 자 같아서 우리의 의는 다 더러운 옷"이사야 64:6 같다고 선언한다.

사도 바울처럼 자신의 의를 자랑하지 않고 하나님께로부터 난 의를 자랑해야 한다. "내가 가진 의는 율법에서 난 것이 아니요 오직 그리스도를 믿음으로 말미암은 것이니 곧 믿음으로 하나님께로부터 난 의라" 빌립보서 3:9.

거룩한 삶에 대한 은근한 반감

높은 도덕적 기준을 지녔고 나름 종교 생활에 매우 엄격하지만 그리스도인의 제자 훈련에는 시간을 할애하지 않는 사람이 많다. 이런 사람들은 예수 그리스도에 대해 열정적이며 열심을 다해 그분을 섬기는 사람들을 언짢아한다. 그들을 광신적인 극단주의자로 간주한다.

안타깝게도 이런 식으로 생각하는 자들은 거룩 그 자체에 별 가치를 두지 않는다. 자신을 좋게 생각하지만 사실상 그들의 마음은 부패했다.

그리스도를 믿는 참되고 살아 있는 신앙은 언제나 그분 닮기를 갈망하게 한다.

과도한 세상 사랑

사도 요한은 "누구든지 세상을 사랑하면 아버지의 사랑이 그 안에 있지" 않다고 한다요한일서 2:15. 흔히 사람들은 이 죄에 빠져 있으면서도 그 사실을 자각하지 못한다. 다른 사람의 눈에는 완전히 세상에 빠진 것으로 보이지만 정작 자신은 그것을 모르는 경우도 있다. 그들은 온갖 핑계를 대며 진리로부터 멀어진다.

그리스도인임을 고백하는 많은 사람이 주 예수님보다는 세상적인 것들에 더 많이 매료된다. 그들에게 물어보면 다른 어떤 것보다 그리스도를 소중히 여긴다고 말할 것이다. 하지만 자신을 자세히 점검해 보면, 주님보다는 세상을 훨씬 더 사랑함을 곧 깨달을 것이다.

성경은 "육신을 따르는 자는 육신의 일을, 영을 따르는 자는 영의 일을 생각하나니"로마서 8:5라고 한다. 죄악의 욕구를 거부하지 못하고 육욕을 채우는 일에만 몰두한다면, 당신은 여전히 죄 가운데 있다.

우리는 사도 바울의 본을 따라 절제해야 한다고린도전서 9:27.

정당한 즐거움이라도 지나치게 집착하면, 노골적이고 추악한 죄와 마찬가지로 당신을 주님으로부터 멀어지게 한다.

원한

그리스도인임을 자처하는 많은 사람이 자신에게 상처를 준 사람에게 줄곧 원한을 품는다.

그러나 보복하려는 마음은 복음의 정신과 그리스도의 본에 위배된다. 그처럼 쓴 악감정을 근절하지 않았다는 것은, 하나님의 백성의 특성인 긍휼과 자비의 정신이 명백히 결여되었다는 것이다.

당신이 죄 사함을 받음으로써 하나님의 긍휼을 경험했다면 당신도 당신에게 해를 끼치는 자들을 용서해야 할 것이다마태복음 18:21-35.

억제되지 않은 교만

하나님의 칭찬보다 사람의 칭찬을 더 원하고 사람의 인정을 받으려고 애쓰는 자는 주 예수님을 모르는 사람이다. 사도 바울은 자신이 사람을 기쁘게 하려고 애썼다면 그리스도의 종이 아니라고 했다갈라디아서 1:10. 마음속에 있는 교만을 보지 못한다면, 그것은 당신이 죄 가운데 죽은 상태임을 나타내는 표시이다.

거짓 안도감

갑작스런 파멸이 닥치려는 상황임에도 많은 사람이 자신은 평안하며 안전하다고 주장한다. 자기 만족은 비참한 결과를 초래하는 매우 심각한 죄이다. 많은 사람이 너무 늦게 거기서 깨어난다.

당신에게 아무 문제도 없다고 생각한다면, 그러한 확신이 무엇에 근거하는지 생각하라. 당신 속에서 참된 신자의 표시를 찾을 수 있는가? 찾을 수 없다면 당신은 그 어떤 곤경보다도 안도감을 더 두려워해야 한다. 거짓된 안도감은 영혼의 가장 치명적인 대적이다.

당신은 여기까지 이 글을 읽고 "이 모든 것이 사실이라면 과연 누가 구원받을 수 있을까?" 하고 물을 것이다. 하나님과 더

불어 올바른 관계를 맺지 못한 상태에서 교회에 출석하여 착실하게 예배드리는 사람이 매우 많다. 주님이 그들을 변화시키지 않으시면, 그들에게는 천국 소망이 없다.

하나님이 당신의 양심을 흔들어 당신에게 긍휼과 용서가 필요하다는 것을 깨닫게 해주시길 기도한다. 스스로를 속이거나 거짓된 안도감을 갖지 않고 하나님의 방법대로 자신을 볼 수 있길 기도한다.

당신이 새 마음을 받았는지 확실하게 돌아보게 되길 기도한다. 여전히 무지나 탐욕에 머물거나 기도하지 않고 있다면, 당신이 죄를 자각하며 참되고 살아 있는 신앙을 갖게 되길 기도한다.

자신을 속이지 않도록 주의하라. 양심을 성경에 비추어 보라. 당신의 상태를 지적하는 하나님 말씀에 귀 기울이라.

사악한 마음과 간교하게 유혹하는 사단 그리고 죄의 기만성이 결합하면 현혹되기 쉽다. 따라서 점검하는 노력을 게을리하지 말아야 한다.

자신의 마음을 신뢰하지 말라. 당신을 점검해 달라고 주님께 간구하라. 당신이 하나님 앞에 아직 어정쩡한 상태에 있다면, 그리스도인 친구나 목회자의 도움을 청하라. 당신의 영원한 행복에 대해 확신하기 전까지는 포기하지 말라.

> 하나님이여 나를 살피사 내 마음을 아시며
> 나를 시험하사 내 뜻을 아옵소서
> 내게 무슨 악한 행위가 있나 보시고
> 나를 영원한 길로 인도하소서 시편 139:23-24.

A Sure Guide to
HEAVEN

우리는 지금 어떤 상태인가?

스스로 깨끗한 자로 여기고
영적 변화가 필요하지 않다고 착각하는 사람이 매우 많다.

그러나 거짓말하거나 하나님의 이름을 망령되게 부르거나
도둑질하거나 술에 취하거나 성적인 타락에 빠지거나
하나님께 예배드리기를 거부하고
그분의 말씀을 무시한 자들은
지금 그대로는 구원받을 수 없다.

또한 하나님에 대해 알고 싶어하지 아니하거나
열정적인 헌신과 섬김에 대해서 불평하거나
불순하거나 안이한 동기에 의한 종교 행위로 만족하거나
세상을 과도하게 사랑하고
자신의 선한 성품과 의를 믿고 내세운 자들 역시
지금 그대로는 구원받을 수 없는 비참한 상태이다.

"불의한 자가 하나님의 나라를 유업으로 받지 못할 줄을 알지 못하느냐 미혹을 받지 말라 음행하는 자나 우상 숭배하는 자나 간음하는 자나 탐색하는 자나 남색하는 자나 도적이나 탐욕을 부리는 자나 술 취하는 자나 모욕하는 자나 속여 빼앗는 자들은 하나님의 나라를 유업으로 받지 못하리라" 고린도전서 6:9-10

CHAPTER 5

불신자에게 닥치는 비참함은 어떤 것인가?

모든 불신자의 상태는 너무나 절망적이다. 따라서 때로 나는 그들이 자신의 상태를 분명히 보도록 도울 수 있다면 내가 할 일의 절반 이상은 한 것이라고 생각한다.

그러나 안타깝게도 불신자들이 자기에게 만족하며 냉담한 나머지 자신이 그리스도께로 돌이키지 않았음을 시인하면서도 아무 대책을 세우지 않는 것을 종종 본다. 그들은 일상 생활의 즐거움과 의무감으로 양심의 소리를 억누른다. 그러면서 언젠가는 회개할 거라고 말한다.

나는 사람들의 영적 실상을 깨우쳐 주고 싶을 뿐만 아니라 그들이 하나님의 정죄 아래 있다는 점도 알리고 싶다. 그러나 한 가지 문제에 봉착한다. 내가 지옥의 고통을 직접 경험해 본 적이 없는데 어떻게 그 고통을 설명할 수 있을까?

하나님 없이 살아가는 삶의 비참함을 온전히 묘사할 수 있는 사람은 아무도 없다. 하나님을 대면했던 위대한 구약 선지자 모세마저도 "누가 주의 노여움의 능력을 알며 누가 주의 진노의 두려움을 알리이까" 시편 90:11라고 고백했다. 성경은 죄가 우리를 여호와께로부터 단절시키며 또한 우리가 그분의 완전한 성품을 제대로 알지 못하면 그 단절의 심각성을 인식할 수도 없다고 한다.

물론 영적인 생명과 감각을 조금이라도 지닌 사람이면 단절의 두려움을 어느 정도는 알 수 있다.

하지만 여기서 나는 또 다른 난관에 직면한다. 왜냐하면 이 글의 독자들이 영적인 감각을 결여한 죄와 허물로 죽은 사람들일 수 있기 때문이다.

설령 내가 천국과 그 모든 영광을 적절히 제시하고 지옥의 공포를 생생하게 묘사할 수 있을지라도, 그것을 볼 눈을 갖지 못한 사람들이 많을 것이다. 혹은 내가 거룩함의 아름다움과 복음의 영광에 대해 설명하며 죄의 추악함을 드러낼지라도, 영적 색맹은 이 둘의 차이를 분간하지 못할 것이다.

성경은 불신자들의 "총명이 어두워지고 그들 가운데 있는 무지함과 그들의 마음이 굳어짐으로 말미암아 하나님의 생명에서 떠나"에베소서 4:18 있다고 한다.

불신자들은 영적 분별력을 결여한 상태이므로 하나님의 일들을 모르며 알 수도 없다고린도전서 2:14. 먼저 그들의 눈이 열려야 한다사도행전 26:18.

불신자들을 일깨우기 위해 내가 무엇을 할 것인가?

그들의 사형 선고문을 읽어 줄 것인가? 장례식을 위한 종을 울려 줄 것인가? 아니면 하나님의 무서운 심판에 대해 알려줄 것인가?

그런 것이 그들을 두려워 떨게 할까? 하지만 사실은 그렇지 않다. 그들은 아예 관심이 없다. 예수 그리스도의 복음과 기쁨과 사랑, 그분의 위로와 평안의 약속에 대해 알려주면 어떠할까? 하지만 들을 수 있는 역량이 그들에게 없는 한 그것 역시 아무 소용도 없다.

그렇다면 내가 달리 시도할 수 있는 것이 무엇일까? 불못이나 그리스도의 영광에 대한 생생한 묘사? 하지만 그 모든 것은 헛수고이다.

죄 가운데 죽어 있는 죄인들은 마치 시편에 나오는 귀머거리 우상과 같다.

> 입이 있어도 말하지 못하며
> 눈이 있어도 보지 못하며
> 귀가 있어도 듣지 못하며
> 코가 있어도 냄새 맡지 못하며
> 손이 있어도 만지지 못하며
> 발이 있어도 걷지 못하며
> 목구멍이 있어도 작은 소리조차 내지 못하느니라 시편 115:5-7.

하나님 말씀을 들려주어도, 불신자들은 아무 감동도 느끼지 않는다. 그들은 감각이 없다 에베소서 4:19. 하나님의 진노가 그들 위에 머물러 있고 죄가 그들을 잔뜩 짓누름에도 불구하고, 아무 문제도 없는 것처럼 살아간다.

한 마디로 그들의 몸은 살아 있으나 영혼은 죽었다. 그들의 육신은 부패한 마음의 관이다.

완고한 마음을 녹이며 죽은 영혼에 생명과 감각을 불어 넣을 수 있는 분은 오직 하나님뿐이시다. 오직 그분만이 죽은 사람을 일으키고 산을 움직이며 또한 바위에서 물이 나오게 하실 수 있다.

그분은 우리의 기대와 소망 그 이상으로 역사하길 기뻐하신다. 사람이 할 수 없는 일을 그분은 하실 수 있다. 그러므로 나는 당신을 그분께 맡긴다.

오, 전능하신 하나님, 주님이 일하실 때에는 그 누구도 막지 못합니다. 오직 주님만이 영적으로 죽은 자들에게 생명을 넣어 다가올 심판으로부터 그들을 구원하실 수 있나이다.

죄 속에 묻혀 있는 이 책의 독자들에게 궁휼을 베푸소서. 생명의 말씀을 들려주어 그들을 살아나게 하소서. 어둠 속에 있는 그들에게 빛을 주어 보게 하소서.

주님은 귀를 만드신 하나님이십니다. 주님의 음성을 들을 수 있는 능력을 그들에게 주소서. 주님의 위대하심을 볼 수 있는 눈을 그들에게 주소서. 또한 주님의 선하심을 맛보며 주님의 아름다우심을 느끼게 하소서.

사함받지 않은 죄의 견딜 수 없는 무게를, 죄에 대한 주님의 거룩하신 진노의 짐을 느끼게 하시고, 주님의 은혜를 아는 특권을 감사하게 하소서.

이어서 하나님의 정죄를 당하는 것이 얼마나 무서운 일인지 좀 더 자세히 설명하려 한다. 사실 이것은 너무나 두려운 일이어서 그것을 온전히 묘사하거나 이해할 수 있는 사람은 아무도 없다.

하나님이 친히 대적하신다

이 사실 자체가 무서운 일이다. 세상에서 하나님 없이, 소망 없이 산다는 것은 참으로 끔찍하다.

그분이 아니라면 누구에게 도움을 구할 수 있겠는가? 위기 때에 어디를 바라보겠는가?

이 세상을 떠나면서 친구들과 가족 그리고 모든 소유물에

작별을 고할 때, 하나님께로 갈 수 없다면 어떻게 할 것인가? 그 때서야 그분께 도움을 청하겠는가?

그 때는 하나님이 당신을 알아보지 못하실 것이다. "내가 너희를 도무지 알지 못하니 불법을 행하는 자들아 내게서 떠나가라" 마태복음 7:23.

새롭게 변화되지 않으면, 당신이 하나님 없이 살아감은 물론이고 하나님이 친히 당신을 대적하신다. 그분이 중립을 지키신다고만 해도 당신의 처지가 그렇게 비참하진 않을 것이다.

설령 당신이 악한 사람들과 마귀의 손에 고통을 당한다 할지라도, 주님의 직접적인 대적을 당하는 것보다는 차라리 그것이 더 낫다. 성경은 "살아 계신 하나님의 손에 빠져 들어가는 것이 무서울진저" 히브리서 10:31 라고 한다.

그분 같은 친구도 없으며, 그분 같은 대적도 없다. 전능자의 손에 고통당하는 것보다 그리고 주님께로부터 영원히 분리되어 파멸당하는 것보다 더 심한 저주는 없다 데살로니가후서 1:9.

하나님이 당신을 대적하시면 누가 당신을 돕겠는가? "사람이 사람에게 범죄하면 하나님이 심판하시려니와 만일 사람이 여호와께 범죄하면 누가 그를 위하여 간구하겠느냐"사무엘상 2:25. "주께서는 경외받을 이시니 주께서 한 번 노하실 때에 누가 주의 목전에 서리이까"시편 76:7.

누가 당신을 하나님의 진노에서 구할 수 있겠는가?

돈으로는 안 된다. "재물은 진노하시는 날에 무익하나"잠언 11:4.

왕들이나 군대들로도 안 된다. "땅의 임금들과 왕족들과 장군들과 부자들과 강한 자들과 모든 종과 자유인이 굴과 산들의 바위 틈에 숨어 산들과 바위에게 말하되 우리 위에 떨어져 보좌에 앉으신 이의 얼굴에서와 그 어린 양의 진노에서 우리를 가리라 그들의 진노의 큰 날이 이르렀으니 누가 능히 서리요 하더라"요한계시록 6:15-17.

여호와가 당신의 대적이 되신다는 생각에 마음이 찔려야 한다. 누구에게로 피하겠는가? 하나님과 화평하지 않는 한 당신에게는 소망이 없다. 마치 외로운 곳에서 홀로 절망과 고뇌에 사로잡히는 것과 다름없다.

하지만 예수 그리스도 안에는 당신이 긍휼을 입을 가능성이

남아 있다. 그러나 당신이 죄를 버리고 온 마음으로 그분께 돌이키지 않는다면, 그분의 거룩하신 진노가 여전히 당신 위에 머물러 있다. 그분의 모든 성품이 당신을 대적한다.

하나님의 얼굴이 대적한다

"여호와의 얼굴은 악을 행하는 자를 향하사" 시편 34:16. 하나님의 마음이 당신을 적대시한다.

참으로 두려운 일이 아닌가?

하나님의 공의가 대적한다

주님은 "내가 내 번쩍이는 칼을 갈며 내 손이 정의를 붙들고 내 대적들에게 복수하며 나를 미워하는 자들에게 보응할 것이라" 신명기 32:41고 하신다. 공의의 하나님은 죄악을 결코 간과하지 않으신다.

당신이 그리스도의 구원을 의지하지 않는다면 자신의 죄에 대한 징벌을 받아야만 할 것이다. 하나님의 공의와 당신에게 가해질 심판의 기준을 자각할 때 당신의 영혼은 마치 지진이 일어나는 것 같을 것이다.

사단은 그런 사실을 숨기려고 안달할 것이다. 마귀는 주님이 긍휼을 베푸실 뿐이라며 당신을 설득한다. 걱정할 것이 전혀 없다며 죄악 속에서 안심하도록 격려한다.

그러나 하나님의 심판은 철저하다. 모든 죄악에 대해 일일이 징벌을 받을 것이다. "진리를 따르지 아니하고 불의를 따르는 자에게는 진노와 분노로 하시리라 악을 행하는 각 사람의 영에는 환난과 곤고가 있으리니" 로마서 2:8-9.

죄사함을 받지 못한 죄인이 하나님을 만나는 것은 파산한 채무자가 채권자와 대면하는 것보다 훨씬 더 끔찍하다. 파멸에 처한 죄인을 향한 하나님의 얼굴은 범죄자를 향한 재판관의 얼굴보다 또는 사형 선고를 받은 살인자 앞에 놓인 전기의자보다 더 무섭다.

"그 손발을 묶어 바깥 어두운 데에 내던지라 거기서 슬피 울며 이를 갈게 되리라" 마태복음 22:13. "저주를 받은 자들아 나를 떠나 마귀와 그 사자들을 위하여 예비된 영영한 불에 들어가라" 마태복음 25:41.

당신이 회개하고 예수 그리스도를 신뢰하지 않는다면, 마지막 무서운 심판 날에 이 선고가 당신의 귓전을 울릴 것이다.

하나님의 거룩하심이 대적한다

하나님의 성품은 모든 죄를 무한히 그리고 영원히 대적한다. 그리스도로부터 분리된 죄인을 하나님은 결코 기뻐하실 수 없다. 하나님은 불순종하는 자녀들에게도 진노하시지만, 죄에서 전혀 돌이킨 적이 없는 자들에 대해서는 지속적인 진노를 발하신다.

하나님의 은총에서 제외되는 것은 얼마나 비참한 일인가! 당신이 변화되지 않으면 주님은 당신을 향한 태도를 결코 바꾸실 수 없다. 이는 그분이 자신의 성품을 바꾸실 수 없는 것과 같다.

그분은 위대하고 영화로운 하나님이시다. 별들도 그분의 눈에는 깨끗하지 않다욥기 25:5.

그분의 눈은 모든 것을 살피신다. 그리스도를 신뢰하지 않는다면 하나님이 당신에게서 무슨 선한 것을 찾으실 수 있겠는가? "이 거룩하신 하나님 여호와 앞에 누가 능히 서리요"사무엘상 6:20.

하나님의 권능이 대적한다

성경은 예수 그리스도의 복음에 순종하지 않는 자들에게 하나님의 권능이 파멸로 임할 것이라고 한다데살로니가후서 1:8-9. 하나님의 진노의 힘이 강력한 대포처럼 당신을 향할 것이다.

하나님의 권능과 진노, 이것은 무서운 결합이다. 하나님의 권능에 부딪히기보다는 차라리 세상 모든 군대와 부딪히는 편이 더 낫다. 당신은 그분의 손에서 벗어날 소망을 가질 수 없다. "그의 큰 능력의 우렛소리를 누가 능히 헤아리랴"욥기 26:14. 쓰디 쓴 경험을 통해 깨닫기 전에 주님 대적하는 일을 속히 멈추라.

감히 하나님께 맞설 수 있다고 생각하는가? 주님은 "하나님을 잊어버린 너희여 이제 이를 생각하라 그렇지 아니하면 내가 너희를 찢으리니 건질 자 없으리라"시편 50:22고 하신다.

이제 하나님의 자비에 복종하라. 진흙으로 지음받은 피조물이 전능자를 이길 수는 없는 일이다. 성경은 "자기를 지으신 이와 더불어 다툴진대 화 있을진저"이사야 45:9라며 경고한다.

주님은 당신의 하잘것없는 무기를 쉽게 파괴하실 수 있다. 시도할 생각조차 하지 말라. 무기를 내려놓고 그분과 화해하라. 그분의 진노를 당할 때까지 기다리지 말고 그 강력하신 구원의 능력을 의지하라.

하나님의 지혜가 대적한다

전지하신 하나님이 보응의 날을 이미 준비하셨다. 성경이 이 점을 분명히 언급한다.

> 하나님은 의로우신 재판장이심이여
> 매일 분노하시는 하나님이시로다
> 사람이 회개하지 아니하면 그가 그의 칼을 가심이여
> 그의 활을 이미 당기어 예비하셨도다
> 죽일 도구를 또한 예비하심이여
> 그가 만든 화살은 불화살들이로다시편 7:11-13.

하나님은 무한하신 지혜로 모든 것을 주의 깊고 상세하게 계획하셨다.

하나님의 진리가 대적한다

여호와가 자신의 말씀에 신실하시다면, 당신이 변화되지 않을 경우 그분은 반드시 당신을 정죄하실 것이다. 회개하지 않으면 당신은 영원히 죽을 것이다. 성경은 이 점을 분명히 밝힌다. "우리는 미쁨이 없을지라도 주는 항상 미쁘시니 자기를 부인하실 수 없으시리라" 디모데후서 2:13.

주님은 약속에 있어서는 물론이고 징벌에 있어서도 신실하시다. 당신이 믿지 않는다면, 그분은 당신의 파멸을 통해 신실하심을 입증하실 것이다. 하나님의 신실하심이 신자들에게는 큰 위안이 되지만 불신자들에게는 큰 두려움이다.

하나님 말씀에 대해 어떻게 생각하는가? 이 경고들을 믿는가? 당신이 이 경고들을 거부한다면 당신에게는 소망이 없다. 반면 믿는다면 하나님의 모든 성품이 당신을 대적함을 알면서도 어떻게 현 상태에 머물 수 있겠는가?

당신이 변화되지 않으면 하나님 말씀 전체가 당신을 대적하여 증언한다. 성경의 매 페이지가 당신을 정죄한다. 또한 예수 그리스도는 "천지가 없어지기 전에는 율법의 일점 일획도 결코 없어지지 아니하고 다 이루리라"마태복음 5:18고 선언하셨다.

어떻게 하려는가? 어디로 달아나겠는가? 주님은 어디에나 계시며 모든 것을 아신다. 당신은 그분으로부터 달아날 수 없다. 그분은 자신의 말씀을 반드시 지키시며, 따라서 당신이 회개하고 그리스도께로 돌이키지 않으면 정죄당할 수밖에 없다.

징벌을 내리는 전능한 힘이 하나님께 있음을 믿으라. 그분과 화해하지 않는 한 당신은 영원히 비참해질 것이다.

하나님의 피조물 전체가 대적한다

사도 바울은 악한 사람들로 인해 모든 피조물이 탄식하며 고통당한다고 묘사한다로마서 8:22. 죄인들의 이기적인 욕구에 혹사당한 모든 피조물이 구조를 갈망한다. 나무와 꽃, 땅과 바다가 말할 수 있다면 자신의 본성과 하나님의 창조 목적에 어긋나는 취급을 당하는 것에 대해 저항의 목소리를 높일 것이다. 누군가 이렇게 말했다.

"알코올 스스로가 자신이 술주정꾼에게 어떻게 남용되는지 아는 능력을 지녔다면 술주정꾼의 술병 속에서, 잔에서, 목구멍에서, 위장 안에서 불평을 터뜨릴 것이다.

세상의 모든 피조물이 이성을 지녔다면 모두 불신자들에게 불평할 것이다. 땅은 당신을 지탱하는 일을 불평하고, 공기는 당신이 호흡하는 것을 불평하고, 침대는 당신에게 휴식을 제공하는 것을 불평하며, 음식은 당신에게 영양 공급하는 것을 불평하며, 옷은 당신에게 입히는 것을 불평할 것이다.

하나님을 대적하는 죄악 속에 계속 거하는 당신에게 어떤 도움과 위안을 제공한 것에 대해 모든 피조물이 저항할 것이다."

당신이 피조물에게 짐이 된다는 것은 심각한 문제이다. 무생물인 피조물들이 말할 수 있다면, 접시 위에 놓인 음식은 하나님께 이렇게 부르짖을 것이다. "주여, 제가 이 사람에게 영양분을 공급하여 주님의 이름을 더럽히게 해야 합니까? 주님이 허락하신다면 저는 이 사람의 목을 틀어막고 싶습니다."

공기는 이렇게 말할 것이다. "주여, 제가 이 자에게 공기를 제공하여 이 자로 하여금 주님의 이름을 모독하고 주님의 백성을 모욕하며 또한 추악한 말을 할 수 있게 해야 합니까? 주님이 말씀만 하시면 다시는 숨을 쉬지 못하게 하겠나이다."

심지어 차들이 이렇게 불평할 것이다. "주여, 더 많은 죄를 지으러 가는 이 사람을 제가 도와주어야 합니까?"

당신이 예수 그리스도께 속하지 않았다면 땅이 신음하고 지옥이 당신을 애타게 기다릴 것이다. 주님이 당신을 대적하신다면 모든 피조물이 당신을 대적할 것이다. 하나님과 화해하지 않는다면 그분이 지으신 것들과도 화목하게 지낼 수 없다.

사단에게 압도당한다

그리스도께 속하지 않으면 마귀에게 단단히 사로잡힌다. 마귀는 우는 사자처럼 당신을 삼키려 한다베드로전서 5:8.

그리스도께 속하지 않은 당신은 마귀의 올무에 매여 그 뜻을 따르고 있다디모데후서 2:26. 성경은 마귀를 "이 어둠의 세상 주관자"에베소서 6:12로 묘사한다. 다시 말해 죄의 무지와 어둠 속에 사는 모든 사람은 마귀의 통치와 지배를 받고 있다.

마귀가 그들의 신이다. 그들이 일부러 마귀를 섬기려 하는 것은 아니다. 사실 그들은 그런 말을 듣기 싫어할 수도 있다. 그럼에도 불구하고 성경은 분명히 "너희 자신을 종으로 내주어 누구에게 순종하든지 그 순종함을 받는 자의 종"로마서 6:16이라고 한다.

마지막 심판 날에 자신을 하나님의 자녀로 여겼던 많은 사람이 마귀의 종으로 정죄당할 것이다.

마귀가 죄악의 쾌락을 제시하자마자 당신은 그 기회를 붙든다. 마귀가 거짓말을 제의하거나 누군가에게 앙갚음하도록 부추기면 당신은 순순히 따른다. 성경을 읽거나 기도하지 말라고 설득하면 그 말에 귀 기울인다.

예수 그리스도께 속하지 않으면 마귀의 종이라고 한 내 말은 바로 그런 뜻이다.

물론 사단은 자신을 좀처럼 드러내지 않으며 따라서 당신은 유혹이 어디서 비롯되었는지 자각하지 못할 수도 있다. 사단은 어두운 곳에 숨어서 활동한다. 예를 들어, 당신이 거짓말할 때 의식적으로 마귀를 섬기고 있는 것이 아니다. 단지 자신의 이득을 추구하고 있을 뿐이다. 하지만 그 생각을 당신의 마음 속에 넣은 자는 바로 사단이다.

가룟 유다가 은 삼십에 예수님을 배신했을 때 자신이 마귀의 부추김을 따르고 있었음을 알았던 것 같지는 않다. 어떤 이는 줄곧 마귀에게 순종하고 있으면서도 그 사실을 전혀 모른다.

죄의 어둠으로부터 그리스도의 빛으로 돌이켰는가? 그렇지 않다면 당신은 아직 사단의 지배 아래 있다. 의식적으로 그리고 의도적으로 하나님을 대적하여 죄를 짓는가? 그것 역시 당신이 마귀에게 속했음을 나타내는 표시이다.

사단은 자신의 종들에게 온갖 종류의 쾌락을 후하게 제공하지만, 그 동기는 오직 그리고 언제나 영원한 파멸로 이끄는 것이다. 사단은 치명적인 독침을 숨기기 위해 매력적인 모습으로 접근한다.

지금 당신을 유혹하는 자가 언젠가 당신에게 고통을 줄 것이다. 당신이 지금 섬기고 있는 주인이 얼마나 나쁜 존재인지 당신은 알아야 한다. 사단은 무지비한 압제자로서 당신을 파멸로 이끌고 영원한 고통의 불 심판을 받게 만든다.

자신의 죄악이 자신 위에 산처럼 쌓인다

느끼지 못할 수도 있지만 그리스도께 돌이키지 않으면 당신의 모든 죄악이 당신을 짓누를 것이다. 그 중 하나도 없어지지 않는다.

죄 사함과 마음의 변화는 공존한다. 하나가 없으면 다른 하나도 없다. 당신의 마음이 예수님께 속하지 않았다면 당신은 하나님과의 올바른 관계에 있지 않다. 하나님과의 관계가 올바르지 않다면 당신은 여전히 죄 가운데 있는 것이다.

빚을 지는 것은 끔찍한 일이지만, 죄악의 빚은 하나님께 대한 것이다. 하나님께 체포당하는 것보다, 그분의 감옥에 갇히는 것보다 더 무서운 일은 없다.

주님이 죄의 무게를 깨닫게 하시면 당신은 당황스럽고 불안해질 것이다.

당신은 거리의 돌들을 부러워할지도 모른다. 그것들은 당신이 느끼는 것을 느낄 수 없기 때문이다. 심지어 당신은 하나님의 형상으로 지음받은 인간보다는 차라리 개로 태어났기를 바랄 수도 있다. 개라면 죽음과 함께 최소한 고통에서 벗어날 것이기 때문이다. 하지만 당신의 죽음은 끝없는 고통의 시작일 뿐이다.

지금 아무리 사소한 것으로 여기며 비웃을지라도, 언젠가 당신은 사함받지 않은 죄악이 견딜 수 없는 무게로 짓누르는 것을 느낄 것이다.

예수 그리스도의 고뇌와 죽음이 우리의 죄 때문임을 잊지 말라. 죄는 결코 사소한 것이 아니다.

기회가 있을 때 깊이 생각하라. "너희 죄 가운데서 죽으리라" 요한복음 8:24는 주님의 말씀을 들을 때 두렵지 않은가?

죽음과 더불어 모든 위안은 물론이고 죄악들까지 모조리 사라진다면 그다지 나쁘지 않을 것이다. 하지만 당신의 친구들이 떠나고 세상에서 즐겼던 모든 것이 사라질지라도 당신의 죄는 끝까지 당신을 따라갈 것이다. 당신의 죄가 당신과 함께 죽는 것이 아니라 당신과 함께 심판대로 나아가 당신을 고소할 것이다. 그리고 지옥으로 따라가 당신에게 영원한 고통을 줄 것이다.

당신 스스로는 결코 빚을 청산할 수 없다. 하나님의 계명들 하나하나가 당신을 체포하여 멱살을 잡을 것이다. 어떻게 하겠는가? 방법은 하나다. 자신에게 절망하고 그리스도께로 피하라. 그분이 유일한 소망이시다.

죄의 종이다

하나님의 긍휼을 입기 전에는 죄가 당신을 지배한다. 죄처럼 지독한 폭군은 없다. 죄는 그 일의 특성상 종이 필요하다.

자신을 태울 땔감을 모으려고 애쓰는 사람의 모습을 본다면 몹시 안타까울 것이다. 그러나 죄의 종들이 늘상 하는 것이 꼭 그런 일이다.

죄악으로 축적한 부를 자축하며 떳떳하지 못한 노력의 결실을 기뻐하는 동안 그들은 영원한 불의 보응을 쌓고 있다. 심판의 불길을 더 격렬하게 하기 위해 거기다 기름을 붓고 있다. 고된 일을 시키고 죽음이라는 삯을 지급하는 주인을 누가 섬기고 싶겠는가?

신약성경에서 가장 안타까운 장면 중 하나가 귀신들린 남자에 대한 것이다. 그는 무덤 주변에 살았고 걸핏하면 자해하였다.

죄의 종이 되는 것이 꼭 그렇다. 자신의 모든 행동이 자신의 목을 치는 것과 같다. 양심이 잠들어 있는 동안에는 자각하지 못할 수도 있지만, 일단 사망과 심판에 이르면 당신은 그 모든 상처와 고통을 느낄 것이다.

죄의 무서운 구속력은 자신의 현 상태를 자각하면서도 여전히 죄악 속에 머무는 자들에게서 가장 분명하게 드러난다. 그들의 양심이 살아서 활동하지만 그들은 여전히 죄의 종노릇에서 벗어나지 못한다.

그들은 유혹에 직면할 때 이전의 결심을 내팽개치고서 자신의 파멸을 향해 내닫는다.

지옥 불이 기다린다

지옥과 파멸은 입을 크게 벌리고 당신을 삼키려 한다이사야 5:14. 사람의 분노가 "사자의 부르짖음" 잠언 19:12 같고 돌보다 무겁다면잠언 27:3, 무한하신 하나님의 진노는 그 누가 상상할 수 있겠는가?

하나님 말씀에 귀를 기울이라. "내가 네게 보응하는 날에 네 마음이 견디겠느냐 네 손이 힘이 있겠느냐"에스겔 22:14.

영원히 불에 탄다고 생각해 보라.

하나님의 보응으로 인해 당신의 온 몸과 영혼이 마치 빨갛게 달아 오른 쇠처럼 불타는 것을 견딜 수 있겠는가? 주님이 친히 당신을 대적하실 때, 당신의 양심이 하나님의 영원한 진노를 위한 통로 역할을 하고 죄에 대한 징벌이 철저히 가해질 때 과연 견딜 수 있겠는가? 그 상태에서 당신은 차라리 멸절되기를 갈망하나 뜻대로 되지 않을 것이다.

일시적으로 행복한 듯 웃으며 심판에 관한 생각을 떨쳐 버리려 할 수 있다. 그러나 당신이 슬픔 중에 누울 때이사야 50:11 상황은 전혀 달라질 것이다.

그 때는 고함소리와 신성모독이 당신의 유일한 음악이 될 것이며, 하나님의 진노의 포도주가 당신의 유일한 음료가 될 것이다 요한계시록 14:10. 고통의 연기가 영원히 올라가고 당신은 밤낮으로 쉴 수 없을 것이다. 당신의 양심에 안식이 없고 당신의 몸을 위한 휴식이 없을 것이다.

잠시 멈추고 생각해 보라. 당신은 어디에 서 있는가? 파멸의 가장자리에 서 있다. 한 발만 내디디면 정죄의 낭떠러지이다. 오늘밤 잠자리에 누웠다가 내일 아침 지옥에서 깨어나지 않을 거라는 보장은 없다. 아침에 일어나지만 해질 녘에 어디 있을지 확신할 수 없다.

간단히 웃어 넘기겠는가? 전혀 문제 없다는 듯 태연하게 살겠는가? 이런 것이 당신에게는 상관없다고 생각한다면, 앞장을 다시 읽어 보라. 그 죄악들 중 하나도 범한 적이 없다고 진심으로 말할 수 있는가?

진리를 외면하지 말라. 자신을 속이지 말라. 아직 기회 있을 때 자신의 절망적인 상태를 자각하라. 영원히 버림받는 자가 된다는 것이, 거룩하신 하나님의 진노의 불에 던져진다는 것이 어떤 것인지 생각하라.

하나님의 진노는 맹렬하고 영원하며 꺼지지 않는 불이다. 전심으로 주님께 돌이키지 않으면 그것이 당신 위에 쏟아질 것이다.

내가 당신에게 입에 발린 말을 한다면 그것은 호의를 베푸는 것이 아니다. 오히려 꺼지지 않는 불 속으로 나아가도록 등을 떠미는 셈이다. 하나님의 진노는 결코 중단될 수 없다. 지옥이 당신을 기다리고 있음을 살아 계신 하나님이 친히 선언하신다.

성경 전체가 정죄하고 형벌을 선고한다

하나님의 율법이 당신에게 호통 친다. 공의를 부르짖는다. 율법만이 아니다. 복음도 당신을 정죄한다.

성경 말씀을 경청하라. "믿지 않는 사람은 정죄를 받으리라"마가복음 16:16. "너희도 만일 회개하지 아니하면 다 이와 같이 망하리라"누가복음 13:3.

"아들에게 순종하지 아니하는 자는 영생을 보지 못하고 도리어 하나님의 진노가 그 위에 머물러 있느니라" 요한복음 3:36. "천사들을 통하여 하신 말씀이 견고하게 되어 모든 범죄함과 순종하지 아니함이 공정한 보응을 받았거든 우리가 이같이 큰 구원을 등한히 여기면 어찌 그 보응을 피하리요" 히브리서 2:2-3.

진실하신 하나님의 말씀이 이렇다. 왜 아직도 망설이는가? 당신이 믿지 못하게 하는 것이 무엇인가? 죄가 당신의 이성을 마비시키고 영원한 축복을 추구하지 못하게 한 것이 분명하다. 당신은 어리석은 생각에 마취되었다. 내가 어떻게 해야 당신의 감각을 되찾을 것인가?

주님은 판단할 수 있는 능력을 당신에게 주셨다. 천국에서든 지옥에서든 당신은 영원히 살 것이다. 그 사실을 안다면 영원한 불행에 대해 그토록 무관심할 수 있겠는가? 영원히 살 곳에 대해 왜 숙고하지 않는가?

기회는 이생에서만 주어질 뿐이다. 잠시 후면 기회는 사라진다. 깊이 생각하라.

"너희가 나를 두려워하지 아니하느냐 내 앞에서 떨지 아니하겠느냐"예레미야 5:22라고 하신 말씀에 귀 기울이라. 하나님의 진노를 가볍게 여기지 말라. 그것을 무시할 수 없는 때가 곧 임할 것이다. 마귀들도 믿고 떤다.

얼마나 더 불장난을 계속 하려는가? 하나님의 진노에 대해 어떻게 무관심할 수 있는가?

불못 가장자리에서 노는 것이 지혜로운 일인가? 깨어나라. 피할 길은 오직 하나뿐이다. 바로 예수 그리스도를 통해서이다.

죄로부터 돌이키라. 그리스도께 나아가라. 그분의 의를 입으라. 그분을 유일한 구주로 인정하라. 새 삶을 시작하라. 그렇지 않으면 지옥의 정죄를 당할 것이다.

가정이나 직업에 대해서는 장래를 재빨리 예측하여 필요한 모든 대책을 곧바로 강구하면서 영원한 삶의 문제는 소홀히 하는 이유가 무엇인가? 무한하신 하나님이 당신을 대적하는 것이 대수롭지 않은가? 그분의 은총 없이 살 수 있다고 생각하는가? 그분의 심판을 견딜 수 있다고 생각하는가?

모든 피조물의 신음 소리와 당신을 부르는 지옥의 소리가 들리지 않는가? 그럼에도 불구하고 천국에 갈 수 있다고 믿는

불신자에게 닥치는 비참함은 어떤 것인가?

가? 하나님의 경고를 마치 어린아이의 말처럼 가볍게 여기는가? 지옥을 비웃기만 하는가?

솔직히 말해 보라. 과연 당신은 창조주를 거역할 정도로 거민힌 사람인가? 당신이 각성히지 않으면 죽음과 심판이 닥칠 것이다. 주님이 거룩한 분노로 당신을 대적하실 때 어떻게 할 것인가? 회개하고 회심하라. 그러면 이 일들이 당신에게 임하지 않을 것이다.

>너희는 여호와를 만날 만한 때에 찾으라
>가까이 계실 때에 그를 부르라
>악인은 그의 길을, 불의한 자는 그의 생각을 버리고
>여호와께로 돌아오라
>그리하면 그가 긍휼히 여기시리라
>우리 하나님께로 돌아오라
>그가 너그럽게 용서하시리라 이사야 55:6-7.

A Sure Guide to
HEAVEN

불신자에게 닥치는 비참함은 어떤 것인가?

모든 불신자의 상태는 너무나 절망적이다.

그리스도께 속하지 않은 사람은 마귀의 지배를 받으며,
마귀의 궁극적인 목적은
자신의 종의 영원하고도 돌이킬 수 없는 파멸이다.

새롭게 변화되지 않으면 하나님의 거룩하신 진노 아래 놓이고
그분의 가차없는 보응으로 인해 지옥에 삼켜지게 된다.

주님이 대적하신다면
죄인들의 이기적인 욕구에 혹사당하는
모든 피조물 역시 대적할 것이다.

그리스도께 돌이키지 않으면
당신의 모든 죄악은 하나도 없어지지 않고
끝까지 견딜 수 없는 무게로 당신을 짓누를 것이다.

"하나님은 의로우신 재판장이심이여 매일 분노하시는 하나님이시로다 사람이 회개하지 아니하면 그가 그의 칼을 가심이여 그의 활을 이미 당기어 예비하셨도다 죽일 도구를 또한 예비하심이여 그가 만든 화살은 불화살들이로다" 시편 7:11-13

긍휼이 많으신 하나님은 당신을 향하여 천국의 문을 열어 놓으시고

진지하고 자애롭고 일관되게 당신을 부르신다.

현재의 처참한 상태로 멸망하지 않으려면 당장 예수 그리스도께 복종하고 돌아오라.

영적 변화 없이는 구원받을 수 없음을 인정하며 단호하게 죄와 결별하고

우리를 구원하기 위해 자신을 대속물로 내어 주신 예수 그리스도를

유일한 중보자요 주권적인 주님으로 받아들여

그분의 이름으로 씻기고 성결케 되어 의롭다 함을 받으라.

A Sure Guide to
HEAVEN

PART 3

구원받아 천국에 가려면
어떻게 해야 하는가?

CHAPTER 6

그러면 어떻게 해야 하는가?

본장을 읽기 전 하나님 말씀이 무엇을 요구하든 행하기로 결심할 것을 당부하고 싶다. 성경 말씀도 이렇게 당부한다. "내가 오늘 너희에게 증언한 모든 말을 너희의 마음에 두고 너희의 자녀에게 명령하여 이 율법의 모든 말씀을 지켜 행하게 하라 이는 너희에게 헛된 일이 아니라 너희의 생명이니"신명기 32:46-47.

지금까지 쓴 모든 내용도 당신이 전심으로 하나님께 돌이키도록 호소하기 위한 것이다. 영원한 불행과 정죄로부터 벗어날 소망이 전혀 없다면, 굳이 당신을 괴롭히려고 이런 내용을 쓰진 않았을 것이다. 아무 일도 할 수 없다면 차라리 이생의 짧은 쾌락이나마 즐기도록 가만히 내버려 두는 편이 나을 것이다.

그러나 해결책이 있다. 당신은 영원히 행복해질 수 있다. 본장은 당신을 하나님의 자비의 문으로 안내할 것이다. 당신이 할 일은 일어나 그 문으로 들어가는 것뿐이다. 나는 생명의 길을 보여주고 싶다. 그 길로 행하면 죽지 않고 살 것이다.

당신이 결국 심판받는다면 그것은 자신의 책임이다. 파멸로 가는 길을 당신이 선택했다. 창조주가 당신을 부르시며, 그리스도인들도 당신을 설득했다. 하지만 당신은 귀를 막고 듣지 않았다. 영원한 불행으로 내닫는 사람에게는 어떤 논리도, 경고도, 설득도 아무 소용이 없다.

치명적인 전염병의 치료제가 당신에게 있는데, 가족과 친구, 이웃들이 그것을 거부하고 죽어가고 있다면 기분이 어떻겠는가? 조금이나마 인정 있는 사람이라면 굉장히 안타깝기 마련일 것이다. 그 얼마나 무분별하고 어리석은 모습인가!

영원한 구원에 대해서도 그런 사람들이 너무나 많다. 영원한 죽음의 징후들이 명백한데도 하나님의 처방을 거부한다. 본장에서는 주님이 성경을 통해 제시하신 처방을 소개할 것이다. 그것은 확실한 치료를 보장한다. 이 처방을 따르라. 그러면 구원을 얻을 것이다.

현 상태로는 천국에 갈 수 없음을 시인하라

분명히 명심해야 한다. 하나님이 당신을 변화시키지 않으시면 결코 천국에 들어가지 못한다. 오직 그리스도만이 당신을 구원하실 수 있다. 그분은 거듭나야 한다고 말씀하신다. 당신은 하나님께 새 생명을 받아야 한다.

예수 그리스도가 천국 열쇠를 쥐고 계신다. 다른 문은 없다. 그분을 통해 들어가야 한다. 영적 변화를 경험하지 않으면 하나님은 그분의 거룩하신 임재 속으로 당신을 이끌지 않으실 것이다.

죄를 분명히 자각하라

자신의 죄로 인해 고통스러워하기 전까지 당신은 주님의 치유하심을 의지하지 않을 것이다. 자신의 죄의 무게를 느끼고 죄에 민감한 양심을 북돋아야 한다. 먼저 자신을 죽은 자로 보라. 그렇지 않으면 그리스도께 생명을 구하지 않을 것이다.

따라서 자신의 죄의 깊이와 넓이를 보다 온전히 자각하기 위해 자신을 철저히 점검해야 한다. 죄를 깨닫기 위해 성령의 도우심을 간구하라. 하나님 앞에 겸허히 낮아지기까지 당신의 양심을 깨우라.

당신이 범한 죄들을 생각해 보라. 다윗은 자신의 죄가 얼마나 많은지 깊이 생각하고 정신이 아찔해졌다. 자신의 죄가 머리털보다 많음을 깨닫고 하나님의 자비를 간구했다.

과거를 돌아보라. 당신이 죄 짓지 않았던 때나 장소가 있었는가? 내면을 들여다 보라. 당신의 성품 중에서 죄악에 오염되지 않은 부분이 있는가?

당신이 범한 죄악들과 행하지 못한 선행들, 생각으로 지은 죄들, 언행들, 젊은 날의 죄들과 노년의 죄들을 생각해 보라. 양심에 남은 기록을 주의 깊게 읽어 보라.

죄의 심각성을 생각해 보라. 모든 죄악은 생명의 하나님과 당신의 영혼을 대적한다. 모든 죄는 하나님의 율법과 경고들과 그분의 자비를 거역하는 것이다. 죄로 인한 파괴적인 결과를 결코 가볍게 여기지 말라.

죄가 세상에 죽음을 가져왔다. 사람을 강탈하고 속박하며 세상을 엉망으로 만든다. 사람과 동물, 그리고 사람들 사이에 충돌을 일으킨다. 각 사람의 내면에서 죄는 열정과 이성을 대립시키고, 의지와 판단력을 대립시키며 또한 욕망과 양심을 대립시킨다. 죄는 모든 질병, 모든 불행, 모든 권태와 고역, 모든 파혼과 이혼, 그리고 모든 전쟁의 궁극적 원인이다.

더욱이 죄는 창조주와의 친교를 파괴하며 우리로 하여금 하나님의 미움을 받게 하고 또한 그분을 미워하게 만든다. 그런데도 죄를 사소한 문제로 여길 수 있겠는가?

죄는 하나님의 아들의 피에 주렸던 반역자이다. 죄가 하나님의 아들을 팔고, 조롱하고 채찍질하며, 얼굴에 침 뱉고, 손을 찢고 옆구리를 찌르며, 십자가에 못 박았다.

죄는 첫 사람 아담에게 단 한 방울 떨어졌지만 온 인류를 더럽히고 파멸시킬 정도로 치명적인 독이다. 피에 주린 핍박자인 죄는 선지자들을 죽이고, 순교자들을 불태우고, 사도들과 족장들을 죽였다. 동원된 무기는 장소에 따라 다양했지만, 그 힘은 언제나 막강했다.

어떻게 죄의 결과가 대수롭지 않다고 할 수 있겠는가? 이 땅에서 살았던 모든 이의 죽음의 이유를 조사해 볼 수 있다면, 예외 없이 죄가 바로 원인으로 판명될 것이다.

죄를 두려워하며 미워하게 될 때까지 죄의 특성을 숙고하라. 하나님의 경고, 자비와 사랑, 당신에게 비친 빛, 자신의 결단과 약속과 기도를 거스르는 죄를 어떻게 범했는지 떠올려 보라. 수치심으로 얼굴이 붉어지며 자기 만족에 빠진 마음이 뒤흔들릴 때까지 그 생각을 떨쳐 버리지 말라.

죄에 합당한 징벌을 생각해 보라. 죄는 하늘을 향해 복수를 부르짖는다. 그러나 죄에 대한 징벌은 너무나 적절하다. 죄는 인생의 영혼과 몸에 하나님의 저주가 임하게 한다. 최소한의 죄악 된 말이나 생각만으로도 무한한 진노의 대상이 된다면, 수없이 많은 죄악에 대한 심판의 무게는 어느 정도이겠는가? 주님의 심판을 받지 않도록 스스로 잘 판단하라.

그러면 어떻게 해야 하는가?

죄의 추악함에 대해 생각해 보라. 흉하게 일그러진 자신의 성품을 본다면 섬뜩할 것이다. 죄는 어떤 하수도보다 더럽고 어떤 암보다 더 두렵다.

당신이 상상할 수 있는 가장 불쾌한 것을 생각해 보라. 속을 몹시 메스껍게 하는 것이 무엇인가? 어떤 것을 떠올리든지, 그 혐오감은 거룩하고 영화로우신 하나님이 죄에 대해 느끼는 감정과 비교조차 될 수 없다. 당신이 예수님의 피로 깨끗해져서 새 마음을 받기 전까지 당신의 죄는 그분의 마음을 상하게 한다.

특히 두 가지의 죄에 대해 생각해 보자.

마음의 죄

나무 뿌리가 썩으면 가지 치기를 해도 소용이 없다. 근본적인 조치가 필요하다. 당신도 마찬가지이다. 당신의 죄의 근원을 살펴야 한다. 그것이 얼마나 깊이 뿌리 내렸는지, 어떻게 온몸으로 퍼졌는지 생각해 보라. 올바른 일을 못하도록 막고 그릇된 일을 하도록 유도하는 모든 것은 죄악 된 마음에서 비롯된다.

영적 무분별, 교만, 편견, 불신이 당신의 마음속에 어떻게 들어올까? 주님을 완고하게 거부하도록 만드는 것은 무엇일까? 하나님을 향한 마음을 그토록 변덕스럽게 하는 것은 무엇일까? 왜 양심이 그토록 무감각해지고 신뢰할 수 없게 될까? 왜 주님의 말씀을 기억하는 데 그렇게 더딜까?

그 답은 당신의 마음속에 있다. 죄악 된 마음이 당신의 영혼 구석구석을 망가뜨렸기 때문이다. 그것이 당신의 머리를 악한 계획으로, 손을 죄악 된 행동으로, 눈을 탐욕으로, 혀를 쓰디 쓴 독으로 채웠다. 또 마음의 죄는 당신의 귀를 거짓말과 더러운 말에는 열게 하고 생명의 말씀에는 닫게 했다.

아직도 당신의 마음이 선하다고 말할 수 있는가? 하나님 앞에서 겸허하게 회개할 때까지 이런 생각을 접어 두라.

당신이 빠지기 쉬운 죄, 가장 중독되기 쉬운 죄

이 죄를 좋아하는 마음을 제거하라. 그것을 추하고 혐오스러운 것으로 여기라. 그것에 대해 거룩하신 분이 무엇이라고 말씀하시는지 기억하라. 이 특정한 죄를 회개하는 일을 최우선순위로 삼으라. 그것을 경계하라. 이 죄는 하나님의 이름을 더럽히고 당신을 위험에 빠트린다.

절망적인 현 상태를 자각하라

앞장을 반복해서 읽으라. 그 내용을 마음에 새기라. 오늘 편안히 잠자리에 들지만, 내일 아침 불 속에서 깨어날 수도 있다. 아침에 편안히 일어나지만, 해 지기 전 지옥에 떨어지지 말라는 보장은 없다. 당신은 무저갱의 가장자리에서 비틀거리고 있다. 그 무서운 상황에서 어떻게 편안할 수 있는가?

가느다란 실에 매달려 불타는 용광로를 내려다 보는 사람을 상상해 보라. 예수 그리스도를 신뢰하지 않는다면, 당신의 처지가 꼭 그럴 것이다. 그 생명줄이 끊어지면 당신은 어떻게 되겠는가? 그 줄은 언제라도 끊어질 수 있다. 당신은 어디로 떨어질까?

현 상태에 계속 머물면, 당신은 영원히 타오르는 불못 속에 떨어질 것이다. 이 사실이 당신을 떨리게 하지 않는가? 이래도 당신의 마음이 움직이지 않는다면, 당신은 주님을 향한 사랑은 물론이고 자신을 향한 사랑도 모조리 상실한 것이 분명하다.

자신의 죄의 심각성을 보지 못하는 한, 결코 주님의 필요성을 진지하게 자각하지 못할 것이다. 자신에 대해 절망해야 한다. 그 전까지는 소망이 없다. 나중에 징벌을 경험하기보다 현재 그것을 두려워하는 것이 훨씬 더 낫다.

양심을 억누르려 하지 말며, 다가올 심판에 대한 생각을 떨쳐 버리려 하지 말라. 오직 예수 그리스도만이 베푸실 수 있는 치유하심을 받기 위해서는 반드시 양심의 고통을 겪어야 한다.

스스로의 노력으로 구원받으려는 소망을 포기하라

당신이 자신을 구원하기 위해 할 수 있는 일은 아무 것도 없다. 성경을 읽고 설교를 경청하며 기도하고 또한 좋은 결단을 내린다고 해서 죄가 없어지지는 않는다. 물론 이런 것들이 나름 유익하긴 하지만, 너무 기대하지는 말라.

예수 그리스도만이 당신을 구원하실 수 있다. 다른 누구도,

아무 것도 그 일을 할 수 없다. 그러므로 스스로의 지혜나 선행이나 힘으로 자신을 구원하려는 소망을 포기하라.

자신의 노력을 신뢰하는 사람은 그리스도께 구원을 요청하지 않는다. 그들은 핵심을 보지 못한다. 당신이 자신의 지혜를 어리석게, 자신의 의를 누더기로, 자신의 힘을 연약하게 여겨야 하는 것도 바로 그 때문이다.

죽은 시신이 스스로 수의를 벗고 살아나지 못하듯 당신도 자신을 구원하지 못한다. 따라서 여호와께 기도하며 그분의 말씀을 묵상할 때나 본장에 수록된 지침을 따를 때, 당신은 자신에게서 눈을 떼고 성령의 도우심을 간구해야 한다. 스스로의 힘으로 할 수 있는 일이 아무 것도 없다.

그렇다고 자신의 의무를 소홀히 해도 된다는 것은 아니다. 에디오피아 재무장관이 하나님 말씀을 읽고 있던 바로 그 시간에 주님이 빌립을 그에게 보내셨다 사도행전 8:29-30. 예수님의 제자들이 기도하고 있을 때 성령이 임하셨다 사도행전 2:1-4. 고넬료와 친구들은 하나님 말씀에 관한 설교를 경청하는 중에 성령으로 충만해졌다 사도행전 10:44.

죄와 결별하라

여전히 죄에 집착하면서도 그리스도께로부터 새 생명을 받을 수 있다고 생각한다면 그릇된 소망을 품고 있는 것이다. 죄를 떠나지 않는 한 자비를 얻을 수 없다. 명확하고도 단호하게 죄와 결별하지 않으면 주 예수님께 연합될 수 없다.

하나님과 화목할 수 있는 다른 방법은 없다. 죄와 결별하든지 아니면 자신의 영혼과 결별해야 한다. 당신이 단 하나의 죄라도 용납한다면 주님은 당신을 용납하지 않으실 것이다. 당신의 죄가 죽든지, 아니면 죄로 인해 당신이 죽어야 한다.

사소하고 은밀한 죄 하나 정도는 하나님이 너그러이 봐주실 거라고 생각할지도 모른다. 그러면서 당신은 그것이 누구에게도 해도 끼치지 않는다고 스스로에게 말한다. 하지만 그렇지 않다. 주님은 어떤 그럴 듯한 변명을 늘어 놓더라도 이 한 가지 죄만으로 당신의 영혼을 파멸시키기에 충분하다고 하신다.

이 점을 깊이 숙고하라. 당신의 죄를 포기한다면, 하나님이 그리스도를 당신에게 주실 것이다. 공평한 교환 아닌가? 당신이 죄 가운데서 지옥으로 간다면, 그것은 하나님이 구주를 보내지 않으셨기 때문이 아니며 당신이 생명의 길을 몰랐기 때문도 아니다. 그 이유는 단 하나뿐이다. 당신이 그리스도보다 죄를 더 좋아했기 때문이다.

자신에게 이렇게 물어보라. 나는 무슨 죄를 지었는가? 하나님께 지키지 못한 의무는 무엇인가? 다른 사람들에게 어떤 죄를 지었는가? 당신의 죄들을 이런 식으로 드러낸 후 더 이상 거기에 빠지지 않을 것을 결심하라. 그것들을 치명적인 독으로 여기라. 왜 거기에 집착하는가? 그것들은 잠시 약간의 쾌락을 제공할 수는 있지만 참되고 지속적인 유익을 주지는 못한다. 줄곧 하나님의 공의와 진노를 유발할 뿐이다.

당신의 죄들은 당신에게 지옥문을 열어 주며 당신을 태울 땔감을 쌓을 것이다. 당신은 죄의 배신을 받아왔다. 그 배신자로 하여금 당신을 처형하도록 허용하지 말라. 그 대신 죄를 죽이기로 결심하라. 죄로부터 돌이켜 그리스도를 구주로 모시라.

하나님을 자신의 하나님으로 인정하라

선택할 것은 간단하다. 한 편에는 보고 듣고 만지며 맛볼 수 있는 세상이 있고, 다른 한 편에는 영화롭고 무한히 거룩하신 하나님이 계시다. 이 둘은 비교의 대상이 아니다. 당신의 가장 깊은 요구를 만족시키며 참된 기쁨을 줄 수 있는 분은 오직 하나님뿐이시다. 주님은 모든 면에서 세상의 그 무엇보다 위대하다. 그분을 당신의 하나님으로 받아들이면, 당신은 충분히 만족할 것이다.

성부 · 성자 · 성령이신 하나님을 영접하라

성부 하나님을 당신의 아버지로 인정하라. 이렇게 말하라.

"아버지, 제가 하늘과 아버지 앞에 죄를 지었습니다. 저는 아들이라 불릴 자격도 없습니다. 저는 아무 것도 요구할 수 없습니다. 그러나 아버지는 은혜롭고 인자하십니다. 간구하오니 저를 받아 주소서.

아버지의 보살핌에 저를 맡깁니다. 제 모든 짐을 아버지께 내려놓고 제 삶을 인도해 주실 것을 부탁드립니다. 저는 아버지의 징계에 복종하며 제게 필요한 모든 것을 아버지 손에 맡깁니다. 저의 자기 과신과 교만을 포기합니다. 지금부터 저는 아버지만 신뢰합니다. 오직 아버지께만 속하기 원합니다."

성자 하나님이신 예수 그리스도를 구주로 받아들이라. 그분을 아버지께로 가는 유일한 길로, 영적 생명의 유일한 원천으로 받아들이라. 그분은 낭신에게 그토록 절실히 요구되는 의이시다. 이렇게 말씀드리라.

"주여, 저는 주님의 것입니다. 저의 모든 존재와 소유가 당신에게 속한 것입니다. 주님께 제 마음을 드립니다. 변함없는 마음으로 영원히 주님께 헌신하기 원합니다. 오늘 이후로 저는 제 모든 소유를 주님께 속한 것으로 여기겠습니다. 주님만 저를 다스리는 왕이길 원합니다. 과거에는 다른 음성에 복종했지만, 이제는 오직 주님만을 섬기겠습니다.

저 자신의 의를 거부합니다. 죄 사함과 구원을 위한 저의 노력을 포기합니다. 오직 주님만 바라봅니다. 주님의 희생만이 저의 죄를 속할 수 있습니다. 저는 주님께 복종하며 주님의 뜻을 행하기 원합니다."

당신을 거룩하게 하시고 그리스도를 닮게 하시는 성령 하나님을 환영하라. 그분이 당신에게 지혜와 힘, 위로와 이해력을 주실 것이다. 자신을 그분의 성전으로 드리라. 마음을 활짝 열고 그분을 영접하라. 하나님의 뜻을 행할 수 있도록 당신의 영혼을 성령의 다스림에 맡기고 당신의 몸을 그분께 헌신하라.

하나님을 계시하신 그대로 받아들이라

성경에서 주님은 그분께 돌이키는 모든 이의 죄를 용서하시는 자비로운 하나님으로 스스로를 계시하셨다. 이보다 더 좋은 소식은 없다. 어떤 죄인이라도 그런 하나님을 원할 것이다. 그분 없이는 아무에게도 소망이 없기 때문이다. 하지만 거기서 끝나는 것이 아니다. 주님은 이렇게 말씀하신다.

"그렇다. 내가 용서한다. 하지만 나는 거룩하며 죄를 철저히 미워한다. 네가 내 백성이 되고 싶다면 너 자신도 거룩해야 한다. 마음과 생활이 거룩해야 한다.

네 모든 죄를 제거해야 한다. 네가 죄를 아무리 좋아하고, 죄가 네게 아무리 자연스러울지라도, 네가 아무리 많은 죄가 필요하다고 느끼더라도 모든 죄를 제거해야 한다. 죄가 네 대적이 되지 않으면 나는 네 하나님일 수 없다."

그러면 어떻게 해야 하는가?

당신의 반응은 어떠한가?

"주여, 저는 주님의 거룩하심을 공유하기 원합니다. 저는 주님을 사랑합니다. 주님의 선하심과 자비만이 아니라 주님의 거룩하심과 정결하심도 사랑합니다. 저를 거룩하게 하소서. 그러면 제가 행복할 것입니다.

지금부터 저는 의도적으로 마음에 품어 온 죄악들로부터 돌이키겠습니다. 저를 붙드는 죄악들에 대항하여 싸우겠습니다. 저는 죄를 미워하며 죄에 대항하여 기도합니다. 더 이상 죄에 빠지지 않길 원합니다."

당신이 이런 자세로 주님을 영접하면 그분은 당신의 하나님이 되실 것이다.

또한 그분은 당신의 모든 존재와 소유를 그분께 바치길 원하신다. 당신은 그분을 당신의 전부로 생각하는가? 그분이 충족시키지 못하시는 인간의 요구란 없다. 그분은 이 세상에 존재하지 않는 기쁨과 평안도 주실 수 있다. 아직도 당신은 이생에서 제공되는 제한된 즐거움에 집착하는가?

아마 당신은 하나님과 세상 둘 다 가지고 싶을 것이다. 이는 오직 하나님만으로 만족한다는 생각을 가질 수 없기 때문이다. 그러나 예수 그리스도는 하나님 나라의 시민이 된다는 것은 너무나 소중한 일이므로 당신 앞에 놓인 모든 것을 기꺼이 포기하라고 하신다. 그분의 말씀에 의하면 그것은 진귀한 진주를 본 상인과 같다. 너무나 소중하므로 상인은 그것을 소유하기 위해 자신의 모든 소유를 기꺼이 판다 마태복음 13:45-46.

모든 것에 풍족하신 하나님께 속하는 것보다 더 가치 있는 일이 있을까? 지금 그분께 나아가 이렇게 고하라.

"주님, 저는 주님 외에 다른 아무 것도 원하지 않습니다. 다른 이들이 돈벌이에 몰두하더라도 저는 주님의 은총으로 만족할 것입니다. 저는 주님 안에서 행복을 찾고 즐거이 주님을 신뢰합니다. 주님을 저의 하나님과 저의 구원으로 믿을 때 저는 만족합니다.

저 자신을 주저하지 않고 주님께 맡깁니다. 아무 조건도 달지 않습니다. 다른 모든 것도 주님께 맡깁니다. 주님이 세상 것들을 제게 얼마만큼 주시든 저는 주님이 저의 하나님이시라는 확신으로 만족할 것입니다."

이런 심령으로 그분께 나아가라. 그러면 결코 실망하지 않을 것이다.

은혜롭고 거룩하며 풍족하신 하나님은 다음과 같이 말씀하시는 주권적인 주님이기도 하시다.

"네가 나를 너의 하나님으로 여긴다면 나를 최고로 예우해야 한다. 어떤 죄나 개인적인 야심보다도 나를 더 중하게 여겨야 한다. 내게 속하고 싶다면 너는 나를 네 주인으로 인정해야 한다. 내 규례와 말과 징계에 복종하겠느냐?"

하나님 앞에 엎드려 이렇게 고백하라.

"주님, 저 자신보다는 주님을 기쁘시게 하는 삶을 살기 원합니다. 저 자신의 뜻보다는 주님의 뜻이 이루어지기 원합니다. 저는 주님의 율법이 선하고 옳은 줄로 믿으며 그 아래에서 사는 것을 특권으로 여깁니다.

비록 주님의 율법을 범하려는 마음이 제 속에 있지만, 주님 외의 다른 누구도 제 삶을 지배하지 않게 할 것을 다짐합니다. 저는 주님을 저의 구주로 받아들이며, 남은 생애 동안 주님께 예배하고 순종하고 사랑하며 섬기는 일에 헌신하기 원합니다."

하나님의 주권에 적절하게 응답할 수 있는 다른 방법은 없다. 또한 주님은 이렇게 말씀하신다.

"나는 참되고 신실한 하나님이다. 네가 나를 네 하나님으로 여긴다면 기꺼이 나를 신뢰해야 한다. 내 말을 받아들이며 나의 신실함을 의지하겠느냐? 이생에서의 가난과 곤경과 핍박을 기꺼이 감수하고 천국에서의 상급을 기대하겠는가? 내 약속들이 엔제나 즉각적으로 실현되는 것은 아니다. 인내심을 갖고 기다리겠느냐?"

하나님을 당신의 하나님으로 받아들이겠는가? 보이지 않는 행복과 천국과 영광을 위해 기꺼이 믿음으로 살며 주님을 신뢰하는가? 당신의 마음이 이렇게 대답하는가?

"주님, 저는 주님을 신뢰할 것입니다. 제 자신을 주님께 맡기며 헌신합니다. 주님의 말씀을 기꺼이 받아들입니다. 저의 어떤 소유보다도 주님의 약속을 더 귀히 여기며, 이 땅에서 제공되는 모든 기쁨보다 천국의 확실한 소망을 사모합니다."

주님은 이런 부르짖음을 결코 외면하지 않으신다. 당신이 주님께 돌이킬 때, 스스로를 계시하신 그대로 하나님을 받아들여야 한다. 계속해서 죄를 사랑하며 거룩하기를 거부하면서 그분의 자비를 입을 수는 없다. 주님께 복종하길 거부하는 한 그분의 은혜를 입지 못한다.

예수 그리스도를 믿으라

당신을 구할 분은 예수 그리스도뿐이다. 그분은 당신을 위해 자신을 내어 주셨다. 아무리 많은 죄를 범했을지라도, 그 죄가 아무리 크더라도 구원받을 수 있다. 주님은 자신을 바라볼 것을 명하신다. "땅의 모든 끝이여 내게로 돌이켜 구원을 받으라 나는 하나님이라 다른 이가 없느니라" 이사야 45:22.

주님은 자신에게 오는 자를 결코 내쫓지 않으신다 요한복음 6:37. 주님은 하나님과 화목할 것을 당부하신다 고린도후서 5:20. 당신이 하나님께로부터 영원히 분리된다면, 그 이유는 오직 당신이 그분에게 나아가기를 거부하기 때문이다 요한복음 5:40.

자포자기하지 말라. 문제는 당신의 소극성이다. 지금 그리스도께 나아가라. 그분을 당신의 제사장으로, 하나님과 사람 사이의 유일한 중보자로 받아들이라. 그리고 당신의 왕으로,

하늘과 땅의 주권적인 주님으로 받아들이라.

물론 그에 따르는 대가를 예상해야 한다. 자신을 부인해야 하고, 그리스도를 위해 고난받을 준비를 해야 한다. 그리고 그분의 인도를 따라 어디든 가야 한다. 언제나 변함없이 그분께 순종하기로 결심하는가? 그렇다면 당신은 결코 멸망하지 않을 것이며 사망에서 생명으로 옮겨졌다.

자신을 주님께 드리라

진정으로 예수 그리스도를 신뢰하면 자신의 모든 재능을 그분께 바치게 된다. 온 몸과 영혼을 다하여 그분께 영광 돌리기 위해 자신의 전 존재를 그분께 복종시키게 된다. 주님을 대항하여 품었던 모든 편견이 제거된다. 자신의 판단과 분별력이 결합하여 그분을 공경하고 사랑하며 영원히 경배할 분으로 자각하게 한다.

당신은 "주님, 주님의 사랑이 저를 압도했나이다. 주님이 저의 소유자이십니다."라고 고백하게 된다. 또한 "주님, 주님을 위한 창고가 여기 있나이다. 오랫동안 제가 여기에 쌓아 둔 모든 쓰레기를 깨끗이 제거하시고 주님의 진리와 약속과 주님의 도로 저를 채우소서."라며 자신의 과거를 내려놓는다.

당신의 양심은 이렇게 선언할 것이다. "주님, 지금부터 저는 주님과 동행하겠습니다. 유혹당하는 죄인에게 경고하고, 주님을 대적하는 자와 싸우겠습니다. 주님을 위해 증언하며 주님을 위해 판단하겠습니다. 주님의 길로 인도하며 또한 제 영혼 속에 죄악이 거하지 못하게 할 것입니다."

당신의 감정도 그리스도께 속하게 된다. 그분을 사랑하고 찾고 두려워하며 또한 경배하게 된다. 자신의 죄성을 슬퍼하고 한탄할 것이다. 구주의 명예를 더럽히는 모든 것에 대해 분노하고 미워할 것이다.

예수 그리스도는 철저한 헌신을 명하신다. "너희 중의 누구든지 자기의 모든 소유를 버리지 아니하면 능히 내 제자가 되지 못하리라" 누가복음 14:33. 그분을 섬기기 위해 때로는 아버지와 어머니 그리고 심지어 자신의 목숨마저 미워해야 한다 누가복음 14:26. 요컨대 자신과 자신의 모든 소유를 흔쾌히 그분께 드려야 한다. 그렇지 않으면 그분께 속할 수 없다.

주님께 순종하라

예수 그리스도를 따르려면, 모든 생각과 말과 행동을 그분의 율례에 맞추어야 한다. 자신에게 맞는 계명을 고르는 것으로는 충분하지 않다. 모든 계명에 순종해야 한다.

당신이 참된 그리스도인이라면 더 큰 죄악에 대해서는 물론이고 작은 죄와 의무들에도 민감할 것이다. 힘들 때에도 순탄할 때처럼 열심히 그리스도를 따를 것이다. "내가 주의 증거들에 매달렸사오니……주의 증거들로 내가 영원히 나의 기업을 삼았사오니……내가 주의 율례들을 영원히 행하려고 내 마음을 기울였나이다……주의 율례들에 항상 주의하리이다" 시편 119:31, 111-112, 117.

주 예수님께 순종하기로 결심하였으면 계속 그렇게 하는 것이 중요하다. 이스라엘 백성은 하나님의 모든 계명에 순종하겠다고 모세에게 말했지만, 시련에 직면했을 때 그 약속을 지키지 않았다 신명기 5:27, 29.

그리스도의 계명에 복종하기 원한다면 계명의 의미와 넓이에 대해 생각하라. 그것이 영적임을 기억하라. 그것은 마음의 생각과 성향에까지 적용된다. 주님의 법에 복종하면, 그것은 당신의 생각과 동기에도 영향을 미칠 것이다. 또한 그리스도의 계명들은 자기 부인을 요구한다.

이 모든 것은 당신의 자연적인 성향에 반대된다. 주 예수님은 그리스도인이 되는 것을 좁은 문을 지나고 힘든 길을 따르는 것으로 묘사하신다 마태복음 7:13-14.

당신에게 요구되는 모든 의무를 이행하며 하나님 말씀에서 금하는 모든 죄를 그리스도의 능력으로 피할 것을 결심하는가? 그러나 내면적으로 거부하고 싶은 의무들과 특별히 유혹을 느끼는 죄들이 있을 것이다. 이런 경우 당신은 하나님의 은혜로, 자신의 죄악 된 성향보다는 그리스도를 따를 것을 결심해야 한다.

기도로 하나님의 도우심을 구하라

홀로 하나님과 함께 하는 시간을 가지라. 그분의 도우심을 진지하게 구해야 한다. 기꺼이 죄를 떠나며 남은 생애 동안 주님께 헌신할 것인지 스스로 물어보아야 한다.

이것은 대충 할 수 있는 일이 아니다. 그보다 더 중요한 일은 없다. 주님은 전심으로 찾는 자들에게 은혜와 힘을 주실 것을 약속하셨다. 자신이나 자신의 의지를 의지하지 말고 하나님을 의뢰하라.

경외심과 겸손한 믿음으로 주님께 나아갈 준비를 하라. 그런 후 주님 앞에 엎드려 당신의 마음을 고하라.

"거룩하신 하나님, 저는 주님의 아들의 구원 사역을 믿습니다. 저를 받아 주소서. 제가 주님께 등을 돌리고 저 자신의 길을 갔나이다. 저는 본성과 행실에 있어서 죄인이며 지옥에 떨어지기에 합당합니다. 그러나 제가 전심으로 주님께 돌이키면, 주님은 무한한 은혜로 제게 자비를 베풀 것을 약속하셨습니다.

저는 예수 그리스도의 복음을 들었고 이제 저 자신을 주님께 맡깁니다. 주님과 화목하기 원하며 따라서 과거에 섬겼던 모든 우상을 거부합니다. 이제 더 이상 주님의 대적들과 짝하지 않을 것입니다. 이용 가능한 모든 수단을 활용하여 모든 죄에 대항하여 싸울 것을 마음속 깊이 다짐합니다.

그러면 어떻게 해야 하는가?

부끄러운 고백이지만 과거에는 제 마음이 이 세상 것들을 숭배했습니다. 그러나 이제는 만유의 창조주이신 주님께 제 마음을 바칩니다. 위대하고 영화로우신 하나님을 바라봅니다. 세상의 모든 유혹들에 저항하기 위해서 그리고 죄의 길로 향하지 않기 위해서는 주님의 은혜가 필요하기 때문입니다.

마귀의 유혹을 물리치게 해주소서. 주님의 은혜로 저는 마귀의 악한 제안에 결코 넘어가지 않을 것입니다. 제 자신의 의는 주님의 눈에는 더러운 누더기와 같기 때문에 저 자신을 믿을 수 없습니다. 전적으로 주님만 의지합니다. 저는 절망적이고 무기력하며 유혹을 물리칠 힘이 전혀 없습니다.

주님의 무한한 자비가 없다면 저는 감히 주님께 나아가지 못할 것입니다. 그러나 주님이 그리스도를 통해 저의 하나님이 되어 주셨기 때문에 저는 경외심과 확신으로 주님께 나아갑니다.

이 순간 이후로 주님이 저의 하나님이심을 땅과 하늘을 증인 삼아 고백합니다. 주님의 거룩하신 위엄 앞에 저를 낮추며, 성부와 성자와 성령을 저의 전부로 여길 것입니다. 저의 몸과 영혼을 주님께 바쳐 남은 생애 동안 거룩함과 의로움 가운데 주님을 섬기겠나이다. 예수 그리스도를 주님께 나아가는 유일한 길로 정하셨으므로, 저는 그분과의 혼인 언약을 맺습니다.

주 예수님, 주리고 목마르며, 가난하고 궁핍하며, 비참하고, 눈멀고 헐벗으며, 부정하고 무가치하며 또한 정죄받은 모습으로 주님께 나아갑니다.

저는 영광의 왕과 더불어 결혼하기는커녕 주님의 종들의 발을 씻을 자격도 없습니다. 하지만 주님의 크신 사랑 덕분에 지금 제가 주님을 저의 주인과 남편으로 영접합니다. 좋을 때나 나쁠 때나, 부요할 때나 가난할 때나, 영원토록 주님을 최우선으로 사랑하고 공경하고 순종하겠습니다.

저는 주님을 저의 선지자, 제사장, 왕, 구주, 주인으로 영접합니다. 저는 무가치하나 주님이 저의 의이십니다. 제게는 지혜가 없으므로 유일한 안내자이신 주님을 바라봅니다. 저의 뜻이 아니라 주님의 뜻을 행하겠나이다.

주님과 함께 다스리기 위해서는 먼저 주님을 위해 고난을 받아야 한다고 말씀하셨기 때문에, 저는 어려움도 견딜 것입니다. 아무 것도 주로부터 저를 분리시키지 못할 것임을 확신하면서 주님의 은혜를 바라봅니다.

일생 동안 저를 다스리고 인도할 거룩한 율례를 주신 주님께 감사드립니다. 기꺼이 그 율례에 복종하겠나이다. 주님의 모든 율례들은 거룩하고 의롭고 선합니다.

지금 이후로 저의 생각과 말과 행동이 주님의 말씀을 따를 것입니다. 저의 죄악 된 마음이 계속 반역을 부추길지라도 저는 주님께 대한 의무를 조금도 무시하고 싶지 않습니다. 제가 주님께 나아갈 때 저의 연약함과 결함들을 깊이 인식합니다. 비고의적인 죄악들도 많이 범했습니다. 저의 마음이 진심으로 주님께 고정되었사오니, 주님의 약속대로 저를 받아주소서.

마음을 살피시는 하나님, 오늘 저는 위선이나 망설임이 전혀 없이 주님께 약속드리고 있습니다. 그러나 저의 마음속에 신실하지 못한 점이 조금이라도 있다면, 그것을 드러내어 바로잡아 주소서.

하나님 아버지, 절망적인 죄인들을 위해 마련하신 위대한 구원 계획을 인하여 주님을 찬양합니다. 구주와 구속주이신 성자 하나님, 주님의 보혈로 저의 죄를 씻어 주신 사랑을 인하여 주님을 찬양합니다. 성령 하나님, 주님의 전능하신 권능에 의해 저를 죄로부터 하나님께로 돌이키게 하심을 인하여 주님을 찬양합니다.

존귀하고 거룩하며 전능하신 성부와 성자와 성령 하나님, 주님의 무한하신 은혜로 저를 친구 삼아 주심을 인하여, 저를 주님의 종으로 삼아 주심을 인하여 감사드립니다. 제가 이 땅에서 맺은 언약이 하늘에서 이루어지기를 바라나이다. 아멘.'

마음으로만이 아니라 말로도 하나님과의 언약을 맺으라. 그 내용을 글로 적어 기도하고 서명하는 것도 좋은 방법이다. 그런 후 그것을 보관하여 의심과 유혹이 닥칠 때마다 그것을 상기하고 격려를 얻으라.

하나님께 돌이키는 일을 더 미루지 말라

하나님께 돌이킬 기회가 아직 있다고 보장하지는 못한다. 지금 나아가지 않으면 당신은 죄의 기만성으로 인해 점점 더 완악해질 수 있다. 은혜의 날이 영원히 지속되지는 않는다.

그러면 어떻게 해야 하는가?

지금 나아가라! 주님의 자비가 부르며, 구주가 은혜를 베풀려고 기다리고 계신다. 성령이 당신과 더불어 씨름하신다. 그리스도의 사역자들이 부르고 있고, 양심이 꿈틀거린다. 하나님이 은혜를 베푸신다.

기회는 지금뿐이다. 시편 기자처럼 "주의 계명들을 지키기에 신속히 하고 지체하지 아니하였나이다" 시편 119:60라고 고백하라. 지금 하나님의 자비를 거부하면, 그분의 나라에 결코 들어가지 못할 것이라는 진노의 선언을 들을 수도 있다.

그러므로 다음 세 가지를 속히 행하기 바란다.

하나님 말씀을 들을 시간을 만들라

성경을 읽거나 설교 말씀에 귀 기울일 때마다, 그것이 살아 있고 강력하며 당신의 영혼을 구원할 수 있는 하나님 말씀임을 상기하라 히브리서 4:12, 야고보서 1:21. 주님이 당신의 마음을 변화시키기 위해 성경을 사용하실 거라는 기대를 가지라. 그리스도인을 만나거나 하나님 말씀을 때마다, '오늘 하나님이 제 삶에 임하시길 원합니다!' 하고 기도하라.

이전에 복음에 관한 설교를 여러 차례 들었지만 지금까지 아무 변화도 없었다면, 간절히 기도하며 기대하는 심령으로 경청하지 않았기 때문이다.

성령의 사역에 복종하라

성령이 죄를 지적하실 때, 거부하지 말고 하나님께 구원을 간구하라. 당신의 양심이 죄의식으로 흔들리고 두려움이 밀려들 때, 모든 죄악으로부터 돌이켜 예수님께 의지하라.

이렇게 기도하라. "주여, 시작하신 일을 중도에 방치하지 마소서. 저의 부패성의 뿌리를 치시고 죄악의 근원을 들추어 내소서."

간절히 기도하라

기도하지 않는다면 당신 안에서 하나님이 일하신다는 증거는 전혀 없다. 기도를 계속하라. 위선에 빠지지 말라. 매일 홀로 하나님께 기도하는 시간을 할애하라. 가족이 있다면 매일 그들과 함께 하나님을 찾으라.

그러나 차갑고 생기 없는 기도는 하늘에 도달하지 못한다. 진지하고 끈기 있는 기도를 드려야 한다. 쉽게 포기하지 말라. 기도로 하나님과 씨름하는 법을 배우라.

이런 마음으로 기도하라. "주님, 저는 주님의 은혜가 필요하며 응답받을 때까지 포기하지 않겠습니다. 주님의 자비를 입어 새 사람이 될 때까지 저는 계속 간구할 것입니다."

유혹을 피하라

죄의 유혹을 받을 상황을 피하는 노력을 하지 않고서는 결코 죄로부터 돌이킬 수 없다. 유혹이 기다리는 상황에 가는 것은 마치 낭떠러지에서 놀고 있는 아이들처럼 위험하다. 불가피한 유혹들을 극복하기 위해서는 하나님의 도우심을 구할 수 있다. 하지만 스스로 위험에 뛰어들어 하나님을 고의로 시험할 때는 우리를 도와주시지 않는다.

가장 강력한 유혹 중 하나는 나쁜 동료의 영향력이다. 그리스도를 가까이했다가 결정적인 순간에 친구들에 이끌려 이전보다 훨씬 더 나쁜 상태로 추락하는 사람들이 너무나 많다.

성경은 "미련한 자와 사귀면 해를 받느니라"잠언 13:20고 분명히 경고한다. 가능한 한 악한 영향력을 멀리하라. 당신의 생명이 거기에 달려 있다.

당신의 진지한 신앙을 조롱하거나 우스꽝스러운 것으로 여기는 자들에게 집착하지 말라. 이런 집착은 그리스도를 신뢰하지 못하게 만드는 장애 요인이다.

그들이 매우 설득력 있어 보일 때 성령의 경고를 기억하라. "내 아들아 악한 자가 너를 꾈지라도 따르지 말라 그들이 네게 말하기를 우리와 함께 가자……너는 우리와 함께 제비를 뽑고……할지라도 내 아들아 그들과 함께 길에 다니지 말라 네 발을 금하여 그 길을 밟지 말라……그의 길을 피하고 지나가지 말며 돌이켜 떠나갈지이다……악인의 길은 어둠 같아서 그가 걸려 넘어져도 그것이 무엇인지 깨닫지 못하느니라"잠언 1:10-19, 4:15-19.

안타까운 일이지만 이 글을 읽는 사람 중에도 특정한 사람과 장소들을 피하려는 노력을 하지 않다가 결국 죄와 멸망에 처할 사람들이 많다. 이스라엘에게 주었던 모세의 경고를 명심하길 바란다. "악인들의 장막에서 떠나고"민수기 16:26. 악인들을 전염병처럼 기피하라.

하루 종일 기도와 금식을 하는 것도 도움이 될 수 있다. 십계명을 주의 깊게 묵상하면서 마음을 점검하라. 각각의 계명에서 명하거나 금하는 것들을 어겼던 사례들을 적어 보라. 당신이 범한 죄의 목록을 적어, 통회하며 주님 앞에 펼쳐 놓으라. 그리고 가능하다면 본장의 앞부분에 언급된 것처럼 주님과 더불어 약조를 맺고 주님의 자비를 구하라.

지금까지 10개의 지침들을 제시했다. 이제 어떻게 할 것인가? 하나님의 음성에 순종할 것인가 아니면 거부할 것인가? 생명의 길을 알고서도 완악함 때문에 멸망한다면 당신은 어떻게 변명하겠는가?

이 지침들을 무시하지 않도록 주의하라. 깨어나라. 그러면 주님이 당신과 함께 하실 것이다.

A Sure Guide to
HEAVEN

그러면 어떻게 해야 하는가?

자신의 죄의 깊이와 넓이를 보다 온전히 자각하고
영적 변화 없이는 천국에 갈 수 없음을 시인하라.

스스로의 지혜나 선행이나 힘으로는
자신을 구원할 수 없다는 것을 인정하라.

죄를 떠나지 않는 한 주 예수님과 연합할 수 없음을 알고
명확하고도 단호하게 죄와 결별하라.

우리를 위해 자신을 대속물로 내어 주신 예수 그리스도를
유일한 중보자로, 왕으로,
하늘과 땅의 주권적인 주님으로 받아들이라.

은혜의 날이 영원히 지속되지 않는다는 것을 기억하며
지금 즉시 하나님의 말씀을 들을 시간을 만들고
성령의 사역에 복종하고 간절히 기도하며 주님께로 돌이키라.

"주의 증거들로 내가 영원히 나의 기업을 삼았사오니 이는 내 마음의 즐거움이 됨이니이다 내가 주의 율례들을 영원히 행하려고 내 마음을 기울였나이다……나를 붙드소서 그리하시면 내가 구원을 얻고 주의 율례들에 항상 주의하리이다" 시편 119:111-112, 117

각성한 죄인의
독백

내 죄가 나를 얼마나 비참한 사람으로 만들었는가!

버림받고 파멸에 처해 있으면서도 모든 것이 괜찮다며 오랫동안 나 자신을 속여 왔다. 내 죄가 나를 하나님 앞에 추하고 혐오스러운 모습으로 만들었다. 내 마음은 선과는 무관하며 죄로 가득하다. 나의 모든 부분에 죄의 치명적인 독이 퍼졌다. 나는 선한 일을 싫어하고 악행을 저지르기 쉽다. 내 마음은 죄악 된 생각과 말과 행동의 원천이다.

나는 성경에 수록된 계명을 모조리 범했고, 결코 갚을 수 없는 빚을 하나님께 졌다. 설령 온 세상을 덮고 하늘에 닿을 정도로 많은 지폐를 쌓는다 해도, 하늘 은행에 있는 내 빚을 청산하기에는 여전히 부족할 것이다.

세상 군주에 대한 반역이 중죄로 간주된다면, 무한하고 영화로우신 하나님을 대적했던 나의 사악함은 어떻게 될꼬······.

나의 죄들이 크고 강한 군대처럼 나를 대적하여 일어난다. 이보다 더 두려운 것은 없다. 내 죄는 해안의 모래처럼 많고 큰 산처럼 강력하다. 내 죄의 무게에 짓눌리기보다는 차라리 바위와 산들에 깔리는 편이 더 나을 것이다.

주여, 저의 죄가 너무 무거워 견딜 수 없나이다. 저의 무거운 죄책감을 제거해 주소서. 그렇게 하지 않으시면 저는 절망 중에 부서져 지옥으로 떨어질 것입니다. 오, 주여, 주님은 저의 죄를 속속들이 다 아십니다.

내 죄가 나를 얼마나 비참하게 추락시켰는가!

나는 하나님의 형상으로 창조되었다. 하나님의 피조물 중에 면류관이다. 하지만 나는 추잡한 오물 덩어리와 썩은 관이 되었다. 나는 타락한 죄인이고 내 영광은 떠났다.

지극히 거룩하신 하나님의 눈에는 내가, 사람의 눈에 가장 불쾌하게 보이는 것보다 더 심한 모습으로 보인다. 나는 죄의 종으로서 하나님의 은총으로부터 끊어지고 하나님의 저주 아래에 놓였다. 죄 사함을 받지 못했고 사망 직전이다.

무엇을 할 것인가? 어디로 갈 것인가? 무슨 방법을 찾을 것인가? 주님이 하늘에서 내게 얼굴을 찌푸리시고, 지옥이 아래에서 입을 벌린다. 내 속에서는 양심이 나를 고소하고 바깥에는 온갖 종류의 위험과 유혹이 기다린다. 모든 것을 아시는 하나님을 피해 어디로 갈 수 있겠는가? 전능하신 하나님으로부터 달아나기 위해 내가 무슨 힘을 쓸 수 있겠는가?

어떻게 내가 현재의 모습에 만족할 수 있겠는가? 내게 무슨 문제가 있을까? 비참해지는 것을 즐기는 것일까? 지옥에 떨어지고 싶은 것인가? 계속 죄악 속에서 살아가면 멸망당할 수밖에 없을 것이다. 죄악의 허망한 쾌락을 위해 내 영혼을 팔 정도로 어리석은 것일까? 이 비참한 상태에서 계속 질질 끌 수 있겠는가?

아니다! 나의 유일한 소망은 죄와 결별하고 예수 그리스도를 통해 하나님께로 돌이키는 것이다.

천국에 이르는 길

자비로우신 주님, 주님 앞에 엎드려 경배하나이다. 주님의 인내가 없었다면 저는 이미 영원히 멸망했을 것입니다. 주님의 은혜를 찬양하며 주님의 자비를 바라봅니다. 주님의 은혜로 말미암아 죄에 대항할 것을, 그리고 평생 동안 거룩하고 의롭게 주님을 따를 것을 다짐합니다.

제게는 주님의 은혜를 받을 자격이 전혀 없습니다. 하지만 주님이 저를 불러 주셨기에 감사하는 마음으로 즐거이 주님께 다가갑니다. 주님은 저의 하나님이시고 저는 주님 것입니다. 주님은 저의 왕이십니다. 제 마음이 주님의 보좌이며 저의 모든 것으로 주님을 섬기며 경배합니다.

저의 마음이 주님의 뜻에 합당하기만을 바랍니다. 저는 주님께 속한 자격이 없습니다. 그러나 주님이 제 마음을 요구하시므로 저를 기꺼이 주님께 드립니다. 제 마음을 새롭게 하실 수 있는 유일한 분의 손에 맡깁니다. 주님의 마음을 닮게 하소서. 거룩하고 겸손하며 주님의 뜻에 민감하게 하시고 주님의 율법을 제 마음에 새기소서.

오소서, 주 예수님, 속히 오소서. 주님의 권능으로 제 마음을 붙드시고 저를 영원히 주님의 것으로 삼으소서. 주님은 아버지께로 가는 유일한 길이며 유일한 중보자이십니다. 저 혼자는 아무 것도 할 수 없습니다. 오직 주님만 바라봅니다.

저를 구원하소서. 그렇지 않으면 저는 멸망할 수밖에 없습니다. 죄의 삯은 사망이며 그 삯은 그 누구보다 제게 적합합니다. 저는 영원히 멸망당해야 마땅하지만 주님을 의지합니다. 주님의 완벽하신 십자가 희생은 저의 모든 죄를 가리기에 충분합니다. 저 자신을 주님의 권위에 철저히 복종시키길 원합니다.

주님의 백성을 강하고 거룩하게 하시는 성령님, 주님의 사랑과 희락과 화평과 오래 참음과 자비와 양선과 충성과 온유와 절제의 열매로 저를 채우소서. 제 몸과 영혼을 주님의 처소로 바칩니다. 주 예수님을 더 많이 닮게 하시고 저를 주님의 일에 사용하소서.

저는 너무 오랫동안 세상을 섬기고 사단의 음성에 귀 기울였습니다. 하지만 이제부터는 주님의 다스림을 받고 주님의 말씀에 따라 살기를 원합니다.

성부와 성자와 성령 하나님, 저 자신을 주님께 복종시키나이다. 저와 저의 모든 소유에 주님의 이름을 쓰소서. 저는 더 이상 제 자신의 것이 아니라 주님의 것입니다. 저는 주님의 길을 가기로 했습니다. 비록 주님의 계명 중 어느 것 하나도 온전히 지키지 못하지만, 제가 죄악을 즐기도록 허용하지는 않겠나이다.

어떤 대가를 지급하더라도 주님을 가까이하기 위해 필요한 모든 은혜를 제게 베푸소서. 제가 주님께 돌이킨 것을 결코 후회하지 않을 것이며, 저 자신을 부인하고 주님을 위해 고난받는 것을 기뻐하겠나이다.

천국에서 누릴 행복과 기쁨은 이 땅에서 주 예수님의 제자로서 당하는 그 어떤 시련과 곤경보다 훨씬 더 클 것입니다. 주님과 함께 영원한 삶을 누릴 수 있는 한, 이 땅에서의 가난과 멸시도 기꺼이 감수하겠나이다.

주여, 주님과 더불어 맺은 언약을 결코 어기지 않게 하소서. 주님의 은혜로 말미암아, 주님을 위해 살고 주님을 위해 죽겠나이다. 이것은 저의 영원한 선택입니다. 기도하오니, 저를 받아 주소서. 아멘.

CHAPTER 7
죄인들을 향한 하나님의 놀라운 은혜

그리스도께로 돌이킬 필요성과 그분을 떠난 당신의 절망적인 상태에 대해서는 이제 충분히 설명했다. 본장에서는 우리를 설득하여 자신과 화해시키시려는 하나님의 은혜와 자비를 중점적으로 소개할 것이다.

은혜로우신 하나님, 이제까지 이 글을 읽고도 성령의 감동을 받지 못한 사람이 있다면, 지금 그 사람에게 역사하소서. 그를 낮추시고 무한히 위대하신 주님을 알게 하소서. 저를 오래도록 열심히 수고해도 물고기 한 마리 잡지 못한 어부가 되지 않게 하시옵소서.

주 예수님, 이제 마지막으로 한 번 더 그물을 던지려 하오니, 어디로 어떻게 던져야 하는지 알려주소서. 이 글을 읽는 사람들을 주님께로 인도하는 데 필요한 모든 힘과 지혜를 허락하셔서 제 그물이 가득하게 하소서.

하늘과 땅이 당신에게 촉구한다. 심지어 지옥마저 회개를 재촉한다. 참된 기독교 사역자들이 모두 당신을 위해 노력하며 하늘의 천사들이 당신으로 인해 기뻐할 날을 기다리고 있다. 그런데 왜 당신은 정죄당하여 마귀의 웃음거리로 전락하려고 하는가? 하나님께로 돌이키지 않는다면 그렇게 될 수밖에 없다.

마귀의 웃음거리보다는 천사들의 기쁨이 되고 싶지 않은가? 사실 천사들뿐만 아니라 하나님도 기뻐하신다. "신랑이 신부를 기뻐함같이 네 하나님이 너를 기뻐하시리라" 이사야 62:5.

탕자 비유에서, 예수님은 회개하는 죄인들에 대한 하나님의 기쁨을 돌아온 탕자를 환영하는 아버지에 빗대어 묘사하셨다.

아버지는 자신의 체면과 나이를 제쳐놓고 달려가 아들을 얼싸안는다. 아버지의 마음은 긍휼로 가득하다. 멀리서 아들을 알아보고 달려가서 맞이한다. 아들의 잘못에 대해서는 전혀 언급하지 않고, 활짝 편 팔로 아들을 안는다. 그리고 귀한 손님을 맞이하듯 대한다. 혼자서만 기뻐하지 않고 사람들을 초청하여 기쁨을 나눈다.

"이 네 동생은 죽었다가 살아났으며 내가 잃었다가 얻었기로" 누가복음 15:11-32.

죄인들에 대한 하나님의 사랑이 그러하다. 자비로운 얼굴로 멀리서 우리를 바라보시고 사랑으로 우리를 반가이 맞아 주시며, 또한 그분의 기쁨이 넘쳐 나서 천국을 가득 채운다.

그 은혜에 감격하지 못하는 것은 바위뿐이다. 여전히 주저하고 있는가? 아직 하나님께 저항하는가? 그리스도 없이 죽은 자들마저 고통의 장소에서 당신에게 외치며 회개할 것을 당부하고 있다.

예수님도 부자와 거지의 비유를 들어 말씀하셨다. 죽어 지옥에 간 부자는 아직 살아 있는 가족이 구원받을 수 있도록 나사로를 보내 달라고 간구했다. 그는 죽은 사람이 살아나서 가족에게 말하면 그들이 회개할 수밖에 없을 거라고 생각했다누가복음 16:27-30.

지옥의 공포에 대해 생각해 보라. 무저갱, 캄캄한 어둠, 격렬히 타오르는 불, 끝없이 피어 오르는 연기……

당신은 그런 곳으로 가고 있는가? 저주와 신성모독, 울음과 부르짖음, 신음과 이를 가는 소리가 들리는가? 지옥에 버림받은 자들의 비참하고 영원한 부르짖음을 듣는다면 얼마나 끔찍하겠는가?

당신이 그리스도께로 돌이키지 않으면 이 모든 것은 시간 문제일 뿐이다.

올바르고 이치에 맞는 일이 있다면 그것은 바로 그리스도께 나아가는 것이다. 반면 어리석고 터무니없는 일이 있다면, 그것은 현 상태에 머무는 것이다.

이제 다음 다섯 가지를 곰곰이 생각하고 회개하여 구주께로 돌이키는 것이 가장 이치에 맞는 일이 아닌지 스스로에게 물어보라.

당신이 그분께로 돌이켜야 하는 이유는 다음과 같다.

당신을 지으신 하나님이 초청하신다

자비롭고 긍휼이 많으신 하나님이 당신을 부르신다. 하늘이 땅보다 더 높듯이, 그분의 방법은 우리의 방법보다 높고 그분의 생각은 우리의 생각보다 높다.

따라서 성경은 "너희 하나님 여호와께로 돌아올지어다 그는 은혜로우시며 자비로우시며 노하기를 더디 하시며 인애가 크시사 뜻을 돌이켜 재앙을 내리지 아니하시나니" 요엘 2:13라고 당부한다. 이보다 더 큰 격려가 있겠는가?

하나님은 자비 베풀기를 기뻐하신다. 그분께 돌이키기만 하면 당신을 긍휼히 여기실 것이다. 당신의 죄악을 모조리 뿌리 뽑아 깊은 바다 속에 던지실 것이다 미가 7:19.

하나님의 자비는 우리의 상상을 초월한다. 성경은 하나님의 자비를 위대하고 다양하고 자상하고 확실하며 또한 영원한 것으로 묘사한다. 당신이 그분께로 돌이키기만 한다면 그 자비가 당신에게 임할 것이다.

기꺼이 나아가겠는가? 은혜의 보좌가 당신을 기다린다. 왕이 친히 당신을 초청하신다.

하나님의 초청은 진지하고 자애롭고 일관되다. "주 여호와의 말씀이니라 나의 삶을 두고 맹세하노니 나는 악인이 죽는 것을 기뻐하지 아니하고 악인이 그의 길에서 돌이켜 떠나 사는 것을 기뻐하노라 이스라엘 족속아 돌이키고 돌이키라 너희 악한 길에서 떠나라 어찌 죽고자 하느냐"에스겔 33:11.

이것은 사람의 말이 아니라 하나님, 상처를 입고 모욕을 당한 거룩하고 의로우신 하나님의 말씀이다. 무한히 자비하신 그분은 당신을 포기하지 않으셨다. 당신을 찾으며 옹호하신다. 이 사실이 당신의 마음을 뒤흔들지 않는가?

천국의 문이 당신을 향하여 활짝 열려 있다

당신을 천국 시민이 되게 하시려고 주님이 부르신다. 천국이 어떤 곳인지 상상조차 할 수 없지만 성경은 보석으로 장식된 기초와 진주로 꾸며진 문들이 있는 순금의 성으로 묘사한다. 천국은 영광으로 빛나며 하나님이 친히 그 성전이 되신다.

당신이 순종만 하면 이 모든 것을 얻을 수 있다. 세상을 섬기고 영원한 영광을 무시하는 것은 얼마나 어리석고 완악한 짓인가!

생각해 보라. 복된 왕국, 의의 왕국, 평강의 왕국, 영원한 왕국에서 영원히 살며 다스릴 것이다.

주님이 당신을 영광의 보좌에 앉히시고 머리에 왕관을 씌우실 것이다. 그분이 주실 관은 가시관이 아니다. 천국에는 죄와 고난이 없기 때문이다. 그것은 생명과 의와 영광의 면류관이다. 흙으로 지음받은 당신의 몸이 별들보다 더 밝게 빛날 것이다.

천국에 관한 성경의 계시를 믿는다면 이제 어떻게 해야 하는가? 죄악과 자기 추구를 중단하겠는가? 자신을 부인하고 주님을 따르며 자신의 죄성과 욕망을 죽이겠는가?

그렇게 한다면 천국은 당신의 것이다, 영원히······.

이 제의는 공평하다. 하나님의 초청을 거부하는 자들을 그분이 멸하시는 것은 옳고 타당한 일이다. 그들 중에 포함되지 않도록 주의하라. 주님의 말씀을 받아들이라. 세상에 집착하지 말고 영원한 생명과 행복을 붙들라.

하나님이 지금 당신의 삶을 더 좋게 변화시키실 것이다

하나님의 모든 축복이 미래만 위한 것은 아니다. 그리스도께 돌이킬 때 당신은 죄의 노예 상태로부터 해방된다. 이 세상의 영에 속박된 상태로부터 풀려난다.

이제는 죽음과 심판을 두려워하며 살 필요가 없다. 아무 것도 당신을 하나님의 사랑에서 끊을 수 없다는 확신과 자신을 가지고 모든 시련과 고난에 직면할 수 있다.

주님이 친히 친구와 아버지가 되실 것이다. 태양과 방패가 되실 것이다. 당신의 하나님이 되실 것이다. 더 이상 무엇을 말할 수 있을까? 하나님은 당신이 기대하는 모든 것이 되시며 모든 것을 행하실 것이다.

당신에게 은혜와 영광을 베푸시니 좋은 것을 아끼지 않으실 것이다. 당신을 자녀로 받아들이고 약속의 상속자로 삼으실 것이다. 당신과 영원한 언약을 맺으실 것이다.

하나님이 예수 그리스도를 통해 당신을 온전히 의로운 존재로 선언하셨다. 당신은 하나님 앞에 자유롭게 나아갈 수 있고 그분은 당신의 기도에 응답하실 것이다. 당신은 그분과 친교를 누리며, 그분은 당신에게 일어나는 모든 일을 유익하게 하실 것이다.

하나님이 필요한 모든 일을 행하셨다

우리 중 누구도 자신의 죄 문제를 해결할 수 없으며, 하나님의 법을 온전히 순종할 수도 없다.

그러나 하나님은 불가능한 일을 우리에게 요구하지 않으신다. 그분은 자신의 아들 예수 그리스도를 보내어 우리 대신 죽게 하셨다. 우리에게 필요한 일은 구속주요 온전한 의이신 그분을 믿는 것이다.

구원받기 위해 엄격하고 힘든 수련에 몰두하는 이들이 많다. 그들은 사막에서 생활하거나 굶주림과 목마름에 시달리는 것도 기꺼이 감수한다.

하지만 주님은 그런 고행을 요구하지 않으신다. 구원을 얻기 위해 우리가 할 수 있는 일은 하나도 없다. 주 예수님이 모든 것을 행하셨다.

하지만 이렇게 생각하는 사람이 있을지도 모른다. '당신의 말이 진실임을 안다. 그러나 회개하거나 믿을 수 없다. 나는 단지 그렇게 할 수 없을 뿐이다.' 이에 대해 내가 할 말은 다음과 같다.

하나님께로 돌이키는 데 필요한 은혜까지 주신다

예수 그리스도가 당신을 구원하기 위해 손을 뻗으신다. 당신은 아무 핑계도 할 수 없다. 멸망당한다면, 그것은 그분의 도우심을 거부했기 때문이다.

그분이 눈먼 당신에게 시력을, 벌거벗은 당신에게 입을 것을, 궁핍한 당신에게 부요함을 주실 것이다. 의와 은혜로 당신을 하나님께로 인도하실 것이다. 하지만 당신은 "그분께 보답할 것이 내게는 전혀 없다."며 거부할 수도 있다. 그럴 필요 없다. 하나님의 은혜는 무료이다. 당신이 할 일은 전심으로 그분을 찾으며 자비를 간구하는 것뿐이다.

주님은 그분을 알고 경외할 것을 명하신다. 당신은 "그렇다. 하지만 내 판단력은 흐리고 내 마음은 완고하다. 나는 그분을 알거나 경외할 마음을 도무지 가질 수 없다."고 말할지도 모른다. 옳다. 그러나 하나님은 당신의 생각을 밝혀 그분을 경외하도록 가르쳐 주신다.

성경은 말한다. "지식을 불러 구하며 명철을 얻으려고 소리를 높이며 은을 구하는 것같이 그것을 구하며 감추어진 보배를 찾는 것같이 그것을 찾으면 여호와 경외하기를 깨달으며 하나님을 알게 되리니 대저 여호와는 지혜를 주시며 지식과 명철을 그 입에서 내심이며" 잠언 2:3-6.

당신 혼자서는 아무 것도 할 수 없지만, 성령이 필요한 힘을 주신다. 표범이 자기 몸의 반점을 씻어 낼 수 없듯이 당신도 자신의 마음을 바꾸지 못한다. 그러나 주님이 당신을 깨끗하게 하실 수 있다. 주님께 복종하며, 스스로는 결코 할 수 없는 일을 하게 해달라고 주님께 간구하라.

A Sure Guide to
HEAVEN

죄인들을 향한 하나님의 놀라운 은혜

자비롭고 긍휼이 많으신 하나님은
진지하고 자애롭고 일관되게 당신을 부르신다.

하나님은 당신을 향하여 천국의 문을 활짝 열어 놓으셨다.
하나님께 순종만 하면 의와 평강의 복된 왕국에서
영원히 살며 다스릴 것이다.

하나님은 독생자 예수 그리스도를
우리 대신 죽게 하심으로 우리를 구속하셨다.

하나님의 축복은 미래만을 위한 것이 아니다.
그리스도께 돌이키면 당신은
지금 바로 죄의 노예 상태에서 풀려난다.

하나님은 그분께 돌이키는 데 필요한 은혜까지 무상으로 주신다.
당신이 할 일은 전심으로 그분을 찾는 것뿐이다.

"긍휼이 풍성하신 하나님이 우리를 사랑하신 그 큰 사랑을 인하여 허물로 죽은 우리를 그리스도와 함께 살리셨고 (너희는 은혜로 구원을 받은 것이라) 또 함께 일으키사 그리스도 예수 안에서 함께 하늘에 앉히시니 이는 그리스도 예수 안에서 우리에게 자비하심으로써 그 은혜의 지극히 풍성함을 오는 여러 세대에 나타내려 하심이라" 에베소서 2:4-7

CHAPTER 8

참된 삶을 위해 깨어나라!

이제 당신의 생각을 묻고 싶다. 당신은 이대로 있다가 지옥에 떨어지려는가 아니면 주님께로 돌이켜 영생을 얻으려는가? 언제까지 결정을 미루겠는가?

당신 앞에 놓인 선택은 간단하다. 영원한 축복과 영원한 고통 중에서, 더러운 죄의 웅덩이와 정결한 생명수 중에서 선택하는 것이다.

모든 시간과 에너지를 이 세상에만 투자하는 것은 어리석다. 죽을 때에는 아무 것도 가져갈 수 없기 때문이다. 영원히 지속되는 기쁨과 평안과 유업을 줄 수 있는 이는 오직 그리스도뿐이시다. 전심으로 그리고 단호하게 자신을 주님께 바쳐야 한다. 엉거주춤하며 결단을 거부한다면, 노골적인 불신자들과 함께 멸망당할 것이다.

지금 결단하라

결단을 미루지 말라. 하나님의 은혜로운 초청을 인식하고 있는 지금 돌이키지 않는다면 그분에 대한 감명이 시들해지고, 마음이 죄로 완악해질 때에는 더욱 돌이키기 힘들기 때문이다.

지금 예수 그리스도께 복종하라. 성경은 "보라 지금은 은혜 받을 만한 때요 보라 지금은 구원의 날이로다" 고린도후서 6:2라고 말한다.

오늘이 영원한 행복이 시작되는 날일 수 있다. 위험하고 두려운 상태에서 하루 더 머물러야 할 이유가 있을까? 오늘밤에 주님이 당신의 영혼을 찾으시면 어떻게 할 것인가?

삶과 죽음의 문제 앞에서, 생명을 선택하지 못하도록 막는 것은 무엇인가? 오직 자신의 완고한 의지만이 당신을 억제할 수 있을 뿐이다.

죄악으로부터 돌이켜 그리스도를 의지하라. 그러면 그분이 당신과 함께 하실 것이다. 불평과 무관심을 떨쳐 버리고 모든 핑계들을 제거하라. 주님이 죄보다 더 나음을 당신은 너무나 잘 알고 있다. 그런데 왜 줄곧 그분을 거부하며 죄에 집착하는가?

이 글을 읽으면서 마음이 하나님 말씀에 의해 뜨거워지고, 죄를 떠나 그리스도께로 돌이킬 마음이 생겼는가? 성령이 당신에게 말씀하고 계실 수도 있다. 그러나 성령이 영원히 당신과 더불어 씨름하시진 않을 것이다. 하나님이 시간과 기회를 주시는 지금 돌이키라.

주 예수님이 친히 당신을 부르신다. 당신을 맞이하기 위하여 두 팔을 벌리고 계신다. 그분의 말씀은 은혜와 자비로 가득하다.

"누구든지 목마르거든 내게로 와서 마시라" 요한복음 7:37.

"수고하고 무거운 짐 진 자들아 다 내게로 오라 내가 너희를 쉬게 하리라 나는 마음이 온유하고 겸손하니 나의 멍에를 메고 내게 배우라 그리하면 너희 마음이 쉼을 얻으리니" 마태복음 11:28-29.

"내게 오는 자는 내가 결코 내쫓지 아니하리라" 요한복음 6:37.

주 예수님이 당신의 감옥 문을 활짝 열어 젖히셨다. 당신은 이제 죄의 사슬에 묶여 있을 필요가 없다. 거기서 나와 자유롭게 그분을 섬기라고 당부하신다. 하나님을 섬기면서 자유와 평안과 기쁨을 누릴 수 있는데도 그곳에 계속 앉아 있을 것인가?

글을 마감하면서, 본서를 내려놓을 때의 당신의 모습이 처음 집어들 때와 다르기를 바란다.

지금까지의 내용을 읽고서도 아직 죄악을 포기하지 않고 예수 그리스도를 신뢰하지도 않을 수 있다. 나는 시간을 허비한 것일까? 당신에 대해서는 그럴지도 모른다.

하지만 내 말을 무시하는 것과 하나님 말씀을 무시하는 것은 별개의 문제이다. 당신이 예수 그리스도의 은혜로운 초청을 거절하고 회개하지 않음으로써 성령을 거역한다면, 당신을 지으신 하나님을 모욕하는 셈이다.

참된 삶을 위해 깨어나라!

주님의 음성에 한번 더 귀 기울이라

마지막으로 당신에게 호소하고 싶다. 높은 곳에 서서 예레미야처럼 외치고 싶다. "땅이여, 땅이여, 땅이여, 여호와의 말을 들을지니라" 예레미야 22:29.

현재 상태로 죽으리라 결심하지 않았다면, 자비로운 주님의 음성에 다시 한번 더 귀를 기울이라.

너희 모든 목마른 자들아 물로 나아오라
돈 없는 자도 오라 너희는 와서 사 먹되
돈 없이, 값 없이 와서 포도주와 젖을 사라
너희가 어찌하여 양식이 아닌 것을 위하여 은을 달아 주며
배부르게 하지 못할 것을 위하여 수고하느냐
내게 듣고 들을지어다 그리하면 너희가 좋은 것을 먹을 것이며
너희 자신들이 기름진 것으로 즐거움을 얻으리라
너희는 귀를 기울이고 내게로 나아와 들으라
그리하면 너희의 영혼이 살리라
내가 너희를 위하여 영원한 언약을 맺으리니
곧 다윗에게 허락한 확실한 은혜이니라 이사야 55:1-3.

이 초청은 모두에게 열려 있다.

당신을 따라다니는 죄가 교만, 분노, 육욕 또는 탐욕 중 어느 것이든 하늘의 의사에게로 나아가라. 그분은 모든 질병을 치유하실 수 있다. 그분이 당신을 곤경으로부터 구해 내실 것이다.

그분과 연합할 때 하나님의 진노로부터 구원을 얻는다. 다시는 하나님의 율법을 두려워할 필요가 없다.

그리스도께 나아오라. 그러면 그분이 당신에게 영적 빛과 분별력을 주실 것이다.

하나님 앞에서 겸손하라. 그러면 그분의 길을 가르쳐 주실 것이다.

주께로 돌아가라. 그러면 그분이 자비를 베푸실 것이다.

당신이 그분을 모욕하고 저주했을 수도 있다. 다른 신들을 섬기며 경배했을 수도 있다. 그러나 당신이 구주께로 돌이키면 "너희의 죄가 주홍 같을지라도 눈과 같이 희어질 것이요 진홍 같이 붉을지라도 양털 같이 희게" 이사야 1:18 될 것이다.

참된 삶을 위해 깨어나라!

주님께 순종하고 돌이키라

조롱자들이여, 주님의 말씀을 들으라! 비록 그리스도인의 믿음과 삶을 조롱했을지라도, 심지어 그리스도를 비웃었을지라도 주 예수님이 여전히 당신을 부르신다.

그분께로 나아가라. 그러면 당신은 주 예수님의 이름으로 그리고 하나님의 성령에 의해 씻기고 성결케 되고 의로워질 것이다 고린도전서 6:11.

신앙을 고백하는 그리스도인이여, 참된 그리스도인이 되라! 종교적인 외양으로 만족하지 말고 회개하여 그리스도께로 돌이키라.

당신이 누구든, 무슨 일을 했든, 당신에게 주님의 자비가 제시되었다. "내가 오늘 하늘과 땅을 불러 너희에게 증거를 삼노라 내가 생명과 사망과 복과 저주를 네 앞에 두었은즉 너와 네 자손이 살기 위하여 생명을 택하고" 신명기 30:19.

나는 단지 당신에게 경고하고 설득할 수 있을 뿐이다. 당신이 행복해지도록 강요할 수는 없다. 할 수 있다면 그렇게 했을 것이다.

이제 어떻게 하려는가?

하나님 말씀에 어떻게 응답하려는가?

자비의 부르심을 듣고서도 거부한다면, 심판 날에 당신의 파멸은 그 부르심을 전혀 듣지 못한 자들의 파멸보다 훨씬 더 심할 것이다. 그러길 원하는가?

영원히 지낼 곳에 대해 관심이 있다면 지금 하나님의 자비를 받아들이라. 당신을 지으신 하나님의 권위를 인정한다면, 그분에게 순종하고 그리스도께로 나아가라.

하나님의 은혜를 받길 원하며 하나님의 자비의 문이 닫히는 것을 원치 않는다면 회개하라.

당신을 위해 열린 천국 문을 헛되게 하지 말라.

예수 그리스도의 은혜로우신 초청을 헛되게 하지 말라.

성령과 그분의 종들의 수고가 헛되지 않게 하라.

하나님 아버지, 단단히 굳은 심령을 녹일 힘이 제게는 없습니다. 그러나 주님께는 불가능한 것이 없습니다. 제가 할 일은 끝났지만 주님이 계속 역사하여 주소서.

주님의 한 마디 말씀만으로도 충분합니다. 그 단단한 심령을 열

참된 삶을 위해 깨어나라!

어서 영광의 왕을 영접하게 하소서. 주님을 대적하여 완악해지게 하며 해야 할 일을 미루게 하는 마귀의 훼방을 막아 주소서. 죄로부터 돌이켜 영원한 생명을 받아들이려는 의지와 힘을 이들에게 허락하소서.

   주 하나님, 이 책에 할애한 제 시간이 헛되지 않길 원합니다. 성령을 보내시어 이 글을 읽는 모든 이의 마음을 감동시키게 하소서. 그래서 마지막 날에, 많은 사람이 이 글을 통해 주님께로 돌이켰다고 증언하길 원합니다. 아멘.

A Sure Guide to
HEAVEN

참된 삶을 위해 깨어나라

이대로 있다가 지옥에 떨어지려는가
아니면 주님께로 돌이켜 영생을 얻으려는가?
영원한 축복과 영원한 고통 중에서 무엇을 선택하겠는가?

현재의 처참한 상태로 멸망하리라 결심하지 않았다면,
이제 더 미루지 말고 지금 당장
예수 그리스도께 복종하고 돌아올 것을 결단하라.

당신을 부르시는 주님의 음성에 귀 기울이고
어서 빨리 그분의 부르심에 응하여 그분께로 나아가라.
그리하여 주 예수님의 이름으로, 하나님의 성령에 의하여
씻기고 성결케 되어 의롭다 함을 받으라.

"수고하고 무거운 짐 진 자들아 다 내게로 오라 내가 너희를 쉬게 하리라 나는 마음이 온유하고 겸손하니 나의 멍에를 메고 내게 배우라 그리하면 너희 마음이 쉼을 얻으리니 이는 내 멍에는 쉽고 내 짐은 가벼움이라 하시니라" 마태복음 11:28-30

저자 소개

조셉 얼라인, 영혼 구원을 위한 무한한 열망으로
청교도적 복음 전도의 표본을 남긴 위대한 전도인
Joseph Alleine, 1634 – 1668

오늘날까지 진지한 구도자와 전도자들에게 강력한 영향을 끼치고 있는 책 『천국에의 초대』A Sure Guide to Heaven, 『회개에의 경종』를 집필한 조셉 얼라인은 영국의 위대한 청교도 목회자 가운데 한 사람이다. 아깝게도 요절하였지만 그의 생애 내내 불타올랐던 복음 전파의 열정과 영력은 그로 교회사상 손꼽히는 인물이 되게 하는 데 부족하지 않은 것이었다.

얼라인은 영국 윌트셔 주 데비지스의 한 청교도 가정에서 태어났다. 당시 영국은 내전의 혼란에 휩싸여 있었으며, 얼라인 집안 역시 그 격변기의 풍파 속에서 시련을 겪어야 했다. 직물 제조업에 종사하던 아버지가 전쟁으로 인한 경제적 악

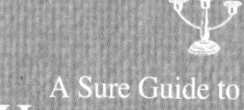
A Sure Guide to
Heaven

순환에서 자유로울 수 없었기 때문이다. 설상가상으로 1645년 사제였던 맏형이 세상을 떠나자 얼라인은 형의 사역을 잇기로 결심하고 옥스퍼드 대학교 링컨 칼리지에 입학하였으며, 1651년에는 철저한 청교도 학풍을 자랑하는 코퍼스크리스티 칼리지로 옮겨가 문학사 학위를 취득하였다. 이후 강사로 있다가 교목이 된 얼라인은 다망한 교목 생활 동안 옥스퍼드 주변의 마을들을 복음화하는 데 심혈을 기울이면서 본격적인 사역을 위한 훈련을 쌓았다.

20대 초반에 이미 '영혼의 구원을 위한 무한한 열망'에 휩싸여

얼라인이 수학한 옥스퍼드 대학교
코퍼스크리스티 칼리지 전경

저자 소개

얼라인이 사역했던
톤턴의 세인트막달라마리아 교회

있던 그의 열의는 톤턴의 세인트막달라마리아 교회 목사이자 유능한 청교도 신학자인 조지 뉴턴George Newton의 눈에 띄었고 1655년 얼라인은 결국 그의 부목으로 기용되었다.

영국 서부 지역의 청교도 요새라고도 할 수 있는 톤턴에서의 사역은 얼라인이 경건한 성품의 사촌 누이 테오도시아Theodosia와 결혼하면서 시작되었다. 이로써 얼라인은 안정된 가정을 기반으로 영혼을 구원하는 일에 전력을 다할 수 있었다. 그는 매주 다섯 차례에 걸쳐 교구 전체를 심방하고 구원받지 못한 영혼들에게 복음을 전하고 교리 문답을 가르쳤다. 놀라운 근면함과 열성으로 펼쳐진 그의 사역은 성공적인 복음

전파가 비교적 흔하던 때였음에도 분명 비범한 것이었다.

그러나 리처드 백스터Richard Baxter의 표현대로 '말할 수 없이 감동적이고 설득력 있으며 능력 있게 대중 앞에서 성경을 해석하던 그의 위대한 목회자적 재능'은 청교도 혁명을 이끌던 올리버 크롬웰Oliver Cromwell이 세상을 떠나고 왕정 복고와 함께 권력이 보수 국교도들에게 옮겨지면서 구속을 받기 시작하였다.

통일령에 의해 2,000명이 넘는 청교도 목회자들이 강단에서 쫓겨나게 되었는데, 그 목자들의 명단에 얼라인도 포함되어 있었기 때문이다. 그러나 얼라인은 설교가 금지되었음에

통일령에 의해 축출된
청교도 목회자들

저자 소개

얼라인의 고향, 영국 윌트셔 주 데비지스의 풍경

도 불구하고 침묵을 지키지 않았다. 그는 지속적으로 비밀 집회를 열고 설교를 계속했으며 1663년 소환장을 받은 날 밤에도 수백 명의 성도들 앞에서 설교하다가 투옥되었다.

한 해를 감옥에서 보내고 석방된 후에도 그는 건강이 훼손되는 것을 무릅쓰고 열악한 환경에서 비밀 집회를 이어 나갔으며, 재수감까지 되면서도 개혁주의적 신앙의 원칙과 사역에의 열망을 꺾을 줄을 몰랐다.

그리고 순수한 청교도적 양심으로 웨일스나 멀리 중국까지 가서 선교사로서 사명을 다할 수 있는 방안을 모색하기도 했으나 그의 육신은 그 열정을 감당하기에 너무나 쇠약해져 있었다. 옥중에서 겪은 고생을 만회하지 못한 얼라인은 1668년

11월 17일, 34세라는 젊디젊은 나이에 두 눈을 감고 말았다.

시대의 역풍으로 선교의 꿈을 만개시키지 못했지만 전례를 찾아보기 힘든 그의 전도 열정은 지금까지도 청교도적 복음전도 양식의 참된 표본을 보여주고 인도하는 귀한 책 『천국에의 초대』로 열매를 맺었다. 수많은 위대한 전도인들이 자신들의 견해를 바로잡을 모본이자 푯대로 삼아 온 이 책은 세월의 흐름이나 시대 사조와는 무관하게 복음을 바르게 전하는 데 없어서는 안 될 영원한 원리들을 담고 있어 그 향기와 위력이 지금까지도 사라지지 않고 있다.

얼라인의 유해가 묻혀 있다고 추정되는 세인트막달라마리아 교회의 내부

생명의말씀사

사 | 명 | 선 | 언 | 문

> 너희가 흠이 없고 순전하여……세상에서 그들 가운데 빛들로
> 나타내며 생명의 말씀을 밝혀 (빌 2:15-16)

1. 생명을 담겠습니다.
만드는 책에 주님 주신 생명을 담겠습니다.
그 책으로 복음을 선포하겠습니다.

2. 말씀을 밝히겠습니다.
생명의 근본은 말씀입니다.
말씀을 밝혀 성도와 교회의 성장을 돕겠습니다.

3. 빛이 되겠습니다.
시대와 영혼의 어두움을 밝혀 주님 앞으로 이끄는
빛이 되는 책을 만들겠습니다.

4. 순전히 행하겠습니다.
책을 만들고 전하는 일과 경영하는 일에 부끄러움이 없는
정직함으로 행하겠습니다.

5. 끝까지 전파하겠습니다.
모든 사람에게, 땅 끝까지, 주님 오시는 그날까지
복음을 전하는 사명을 다하겠습니다.

생명의말씀사 서점안내

광화문점 110-061 종로구 신문로 1가 58-1 구세군 회관 2층
TEL.(02)737-2288 / FAX.(02)737-4623

강 남 점 137-909 서초구 잠원동 75-19 반포쇼핑타운 3동 2층 전관
TEL.(02)595-1211 / FAX.(02)595-3549

구 로 점 152-880 구로구 구로 3동 1123-1 3층
TEL.(02)858-8744 / FAX.(02)838-0653

노 원 점 139-200 노원구 상계동 749-4 심봉빌딩 지하1층
TEL.(02)938-7979 / FAX.(02)3391-6169

분 당 점 463-824 경기도 성남시 분당구 서현동 273-1 대현빌딩 3층
TEL.(031)707-5566 / FAX.(031)707-4999

신 촌 점 121-806 마포구 노고산동 107-1 동인빌딩 8층
TEL.(02)702-1411 / FAX.(02)702-1131

일 산 점 411-370 경기도 고양시 일산구 주엽동 83번지 레이크타운 지하 1층
TEL.(031)916-8787 / FAX.(031)916-8788

의정부점 484-010 경기도 의정부시 금오동 470-4 성산타워 3층
TEL.(031)845-0600 / FAX.(031)852-6930

인터넷서점

http://www.lifebook.co.kr